Author: Stuart Glover

Audio for Speaking and Listening at your fingertips

Scan the audio QR codes to immediately launch high-quality recordings of native speakers. These are exam-style tracks for realistic assessment practice and can particularly help you with:

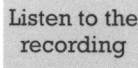

- **Listening: Dictation task practice**
  Listen in full, then in parts, then in full, for exam-style practice.
- **Speaking: Reading aloud practice**
  Targeted pronunciation practice of sounds helps build your confidence.
- **Speaking: Role play practice**
  Hear the teacher part and speak your answers in the pauses.

Transcripts for all audio files can be accessed here.

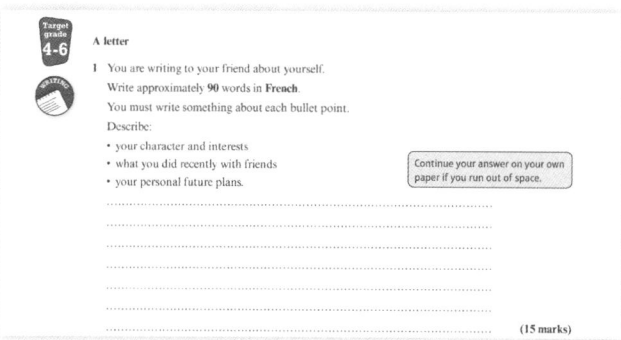

Support for longer writing tasks

Space is provided in this Workbook but sometimes you'll need to use your own paper too. Full sample student responses are given in the answer section so that you can self-assess. Remember that there is more than one correct answer for this type of question.

Practice papers

Help to check that you are exam-ready with a full set of practice papers containing exam-style questions for Listening, Speaking, Reading and Writing, for both Foundation and Higher tier.

Higher and Foundation tiers

Content that only applies to Higher Tier is marked with an **H** (ONLY)

Difficulty scale

The icon next to each exam-style question tells you how difficult it is.
Some questions cover a range of difficulties.

Also available:

The Revision Guide helps you revise vocabulary and grammar with a manageable topic-by-topic approach. Worked example questions and pages on each exam paper will build your skills ready for assessment, and digital resources such as quick quizzes, vocab checks, videos and flashcards are all included!

AQA publishes the only official Sample Assessment Material on its website. The questions in this Workbook have been designed to familiarise you with the type of tasks you may meet in the exam, and are tailored to help you to practise specific skills. Remember that the actual assessments may not look like this.

Contents

1-to-1 page match with the French Revision Guide ISBN 9781292471686

Identity and relationships with others
1. Physical descriptions
2. Character descriptions
3. Friends
4. Family
5. Relationships
6. Helping friends with problems
7. When I was younger
8. Identity

Healthy living and lifestyle
9. Food and drink
10. Healthy diets
11. Sport and exercise
12. Physical wellbeing
13. Mental wellbeing
14. Feeling unwell
15. Eating out
16. Opinions about food

Education and work
17. School subjects
18. School likes, dislikes and reasons
19. Timetable and school day
20. Equipment and facilities in school
21. School uniform
22. Class activities
23. School rules
24. Opinions about school
25. Options at 16
26. Schools – France and the UK
27. Future study plans
28. Future plans
29. Part-time jobs and money
30. Opinions about jobs
31. Job adverts and skills needed
32. Applying for jobs
33. Volunteering
34. Equality and helping others

Free-time activities
35. Sporting events
36. Hobbies
37. Music and dance
38. Arranging to go out
39. Reading
40. Television
41. Going to the cinema
42. Places in town
43. Things to do
44. Shopping
45. Shopping for gifts

Customs, festivals and celebrations
46. Everyday life
47. Meals at home
48. Celebrations
49. Customs and festivals
50. Cultural attractions

Celebrity culture
51. Equality in sport
52. Celebrity culture
53. My favourite celebrity
54. Being famous
55. Celebrity success

Travel and tourism
56. Transport
57. Travel and buying tickets
58. My region: good and bad
59. My area in the past
60. Town or country
61. During the holidays
62. Abroad
63. Types of holiday
64. Where to stay
65. Booking accommodation
66. Holiday activities
67. Trips and excursions
68. Asking for help / directions
69. Tourist information
70. Holiday problems
71. Accommodation problems
72. The weather
73. Visiting a city

Media and technology
74. Me and my mobile
75. Social media
76. The internet
77. Computer games
78. Pros and cons of technology

The environment and where people live
79. The natural world
80. Spending time in the countryside
81. The environment and me
82. Local environmental issues
83. Global environmental issues
84. Caring for the planet
85. A greener future

About the exams
86. Practice for Paper 1: Listening
87. Practice for Paper 1: Listening
88. Practice for Paper 2: Speaking
89. Practice for Paper 2: Speaking
90. Practice for Paper 3: Reading
91. Practice for Paper 3: Reading
92. Practice for Paper 4: Writing
93. Practice for Paper 4: Writing

Grammar
94. Articles 1
95. Articles 2
96. Adjectives
97. Possessives
98. Comparisons
99. Other adjectives and pronouns
100. Adverbs
101. Object pronouns
102. More pronouns: *y* and *en*
103. Other pronouns
104. Present tense: -*er* verbs
105. Present tense: -*ir* and -*re* verbs
106. *Avoir* and *être*
107. Reflexive verbs
108. Other important verbs
109. Perfect tense 1
110. Perfect tense 2
111. Imperfect tense
112. Future tense
113. Conditional tense
114. Negatives
115. Perfect infinitive and present participle
116. Passive
117. Questions

Practice papers
118. Paper 1: Listening (Foundation)
121. Paper 2: Speaking (Foundation)
122. Paper 3: Reading (Foundation)
128. Paper 4: Writing (Foundation)
130. Paper 1: Listening (Higher)
135. Paper 2: Speaking (Higher)
136. Paper 3: Reading (Higher)
142. Paper 4: Writing (Higher)

144. Answers

A small bit of small print

AQA publishes Sample Assessment Material and the Specification on its website. This is the official content and this book should be used in conjunction with it. The questions in this Workbook have been written to help you practise every topic in the book. Remember: the real exam questions may not look like this.

Had a go ☐ Nearly there ☐ Nailed it! ☐

Identity and relationships with others

Physical descriptions

Descriptions

1 Read these comments from a school forum.

> **Ana:** J'ai les yeux bleus et on dit que je suis très grande. Je n'aime pas ça. Ma meilleure amie est plus petite que moi et elle a les cheveux longs et bruns.
>
> **Lucas:** J'ai les yeux bruns et les cheveux courts et noirs. Ma meilleure amie est plus jeune que moi.
>
> **Camille:** Je suis assez grande. J'ai les yeux verts. Ma meilleure amie est très belle. Elle a de grands yeux bleus.

Match the correct person with each of the following questions.

Write **A** for **Ana**

   L for **Lucas**

   C for **Camille**.

Write the correct letter in each box.

(a) Who has brown eyes? ☐

(b) Who is very tall? ☐

(c) Who has a friend who has long brown hair? ☐

(d) Who is quite tall? ☐

(4 marks)

> Don't get confused between the young people and their friends. Look carefully at the subject of the sentence. Is it *je* or *mon / ma meilleur(e) ami(e)*?

> Remember *très* means 'very' and *assez* means 'quite'.

Dictation

2 Play the recording of four short sentences. Listen carefully and, using your knowledge of French sounds, write down in **French** exactly what you hear for each sentence. You will hear each sentence **three** times: the first time as a full sentence, the second time in short sections and the third time again as a full sentence.

Sentence 1

....

Sentence 2

....

Sentence 3

....

Sentence 4

....

(8 marks)

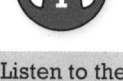

> Some words you will hear are not on the vocabulary list, so may be unfamiliar. Don't worry! Think of your knowledge of French sounds and how the word might be written. Even if you get it slightly wrong, as long as the French is still recognisable, a mark may still be awarded.

Identity and relationships with others

Had a go ☐   Nearly there ☐   Nailed it! ☐

Character descriptions

General questions about character

1. Answer these questions about you and your friends.

   (a) Décris ton meilleur ami / ta meilleure amie.
   (b) Tu étais comment quand tu étais plus jeune?
   (c) Qu'est-ce qui t'inquiète? Pourquoi?
   (d) Qu'est-ce qui t'intéresse? Pourquoi?

   > Remember to add detail: use adjectives, intensifiers like *assez* or *très* and adverbs to do this. However, don't try to use anything you don't know!

   > You could be asked this type of question after the Reading aloud task, or during the conversation part of the exam.

   > You can sometimes use material from the question itself. For example, in question (b), you could reuse *quand*, but don't forget to change *tu* to *je*!

   > Remember to make your adjectives agree.

My friends and me

2. You hear Enzo and Myriam talking about themselves and their friends.

   Choose the correct answer and write the letter in each box.

   Listen to the recording

   (a) Enzo says that his friend is ...

A	never funny.
B	quite shy.
C	very loyal.

   ☐

   (b) Myriam is ...

A	not very sporty.
B	more hard-working than her friends.
C	never serious.

   ☐

   (c) People say that Enzo is ...

A	quite lazy.
B	quiet and serious.
C	not shy.

   ☐

   (3 marks)

   > Make sure that you listen carefully, especially when people are talking about more than one person. Remember also to listen out for negatives as they can give the exact opposite meaning to something.

Had a go ☐   Nearly there ☐   Nailed it! ☐

Identity and relationships with others

Friends

Reading aloud

Target grade 1-5

1   Read aloud the following text in **French**.

> Always try to work out the meaning of what you are reading as this will help you.

> Remember that j in French is softer than the English j – like the 's' sound in the English word 'leisure'.

> The 'c' sound in *c'est* and *cinq* is soft, like an English 's'.

> *Dit* and *suis* both have a silent final consonant. You pronounce them like 'dee' and 'swee'.

J'ai seize ans.
Mon anniversaire, c'est le cinq mai.
Ma copine dit que je suis vraiment sympa.
Ton frère a beaucoup de bons amis.
Mes parents vont souvent au cinéma avec leurs voisins.

> *Bons* would normally have a silent s at the end. However, because it is followed by a vowel in *amis*, you pronounce the s like a z – 'bonz amee'.

> Pronounce the *au* as you would in the English exclamation 'Oh!'.

(5 marks)

New friends

Target grade 7

2   You read Alex's email.

> ✉
> Salut!
> Je t'écris pour te parler d'une nouvelle amie qui s'appelle Fatima. Je l'ai rencontrée à une fête il y a deux semaines. Elle me raconte des histoires amusantes et elle me fait rire. Nous sommes allées en ville la semaine dernière où nous avons fait des achats.
> J'espère que notre amitié va durer longtemps car on a les mêmes goûts.

Answer the following questions in **English**.

(a) Where and when did Alex meet Fatima?

.... **(2 marks)**

(b) How would you describe Fatima based on what you have read?

.... **(1 mark)**

(c) What did the friends do in town?

.... **(1 mark)**

(d) What does Alex hope for and why?

.... **(2 marks)**

> In question (b), no adjective is used to describe Fatima, so you need to work it out from what Alex says.

Identity and relationships with others

Had a go ☐ Nearly there ☐ Nailed it! ☐

Family

Family

1 You hear Clara talking about her family.

Choose the correct answer and write the letter in each box.

Listen to the recording

(a) Clara gets on well with …

A	her father.
B	her little sister.
C	her mother.

(b) Her brother is …

A	hard-working.
B	easy to get on with.
C	difficult.

(c) Her grandparents are …

A	nice.
B	strict.
C	old.

(d) They often go to the …

A	cinema.
B	theatre.
C	beach.

(4 marks)

Translation

2 Translate the following sentences into **French**.

I love my family.

....

My father is very kind.

....

My mother listens to me a lot.

....

I am on holiday with my aunt.

....

Yesterday I went to the beach with my brothers and my dog.

....

(10 marks)

> Remember that the word for 'my' depends on the word it describes.

> Where will the word for 'me' come in sentence 3?

Had a go ☐ Nearly there ☐ Nailed it! ☐

Identity and relationships with others

Relationships

Relationships

1 You read an email from Hugo.

> ✉
>
> Salut!
>
> Mon amie, Ana, qui habite au Canada, m'a dit qu'elle est triste car elle a beaucoup de problèmes à l'école. Je la connais depuis douze ans et je suis vraiment inquiet car elle était très gentille et ouverte, mais elle ne sourit jamais maintenant. Je vais lui envoyer un e-mail pour améliorer la situation.

Which **three** statements are true? Write the correct letters in the boxes.

A	Ana has lots of problems at school.
B	Ana used to live in Canada.
C	Hugo has known Ana for ten years.
D	Ana used to be kind.
E	Ana is always smiling now.
F	Hugo hopes to improve the situation.

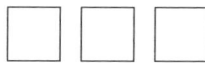

(3 marks)

> Be careful with verb tenses. There are imperfect (past), present and future time frames here to consider.

Photo card

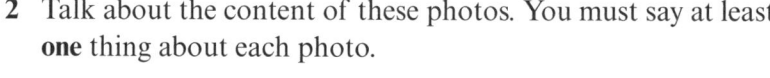

2 Talk about the content of these photos. You must say at least **one** thing about each photo.

> The recommended time at Foundation tier is approximately one minute.

Photo 1

Photo 2

(5 marks)

5

Identity and relationships with others

Had a go ☐ Nearly there ☐ Nailed it! ☐

Helping friends with problems

Helping friends

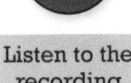

1 You hear this person talking about her friend.

What does she mention? Write the correct letter in each box.

A	homework
B	sleep
C	getting up
D	fitness
E	sport
F	medicine

☐ ☐ ☐

(3 marks)

> When you prepare for a listening activity, try to note down the French words for the English ones so that you can listen out for them.

Grammar task

2 Using your knowledge of grammar, complete the following sentences in **French**.

Choose the correct French word from the three options in the grid.

Write the correct **word** in the space.

(a) J' .... mes amis.

aide	aident	aides

(b) Mon ami ne .... pas les pommes.

manger	mangeons	mange

(c) Je parle souvent avec .... copains.

mon	ma	mes

(d) Nous .... beaucoup ensemble.

parle	parlons	parlez

(e) Emma est ma .... amie.

meilleur	meilleure	meilleurs

(5 marks)

Had a go ☐   Nearly there ☐   Nailed it! ☐

Identity and relationships with others

When I was younger

When I was younger

1 You hear Lucas, Manon and Rachid talking about when they were younger.

Complete the sentences in **English**.

(a) From time to time, Lucas used to ....

(b) Manon used to live in ....

(c) When he was younger, Rachid used to ....

> Pay special attention to the past here, not the present.

(3 marks)

General conversation

2 Answer these questions about what you did when you were younger.

(a) Où allais-tu en vacances quand tu étais plus jeune?

(b) Que faisais-tu quand tu avais du temps libre dans le passé?

> As part of a conversation, you might be asked what you were like, what you used to do and what life was like when you were younger. Remember to use the imperfect tense when you are talking about what you used to do. You can then use another tense, for example if you compare what you used to do to what you do now.

....
....
....
....
....
....
....
....
....
....
....
....
....
....
....
....

> Make some notes of vocabulary or good phrases to include in your answer. Don't write your whole answer down though.

7

Identity and relationships with others

Had a go ☐ Nearly there ☐ Nailed it! ☐

Identity

A letter

1 You are writing to your friend about yourself.

Write approximately **90** words in **French**.

You must write something about each bullet point.

Describe:
- your character and interests
- what you did recently with friends
- your personal future plans.

> Continue your answer on your own paper if you run out of space.

....
....
....
....
....
....
....
.... **(15 marks)**

> Remember to cover all three bullet points. Try to develop your sentences by linking your ideas, as this makes your sentences more complex, which should earn higher marks.

Follow-on questions

2 Answer these questions.

(a) Tu es quel type de personne?

(b) Quel est ton rêve?

(c) Tu aimes les animaux?

(d) Quand est-ce que tu sors avec tes amis? **(10 marks)**

> Your teacher will ask you four questions after you have done the Reading aloud task.
>
> You should aim to answer these questions as clearly and fully as possible.
>
> Try to include at least three clauses (pieces of information including a verb) in at least three of your answers.

Had a go ☐   Nearly there ☐   Nailed it! ☐   **Healthy living and lifestyle**

Food and drink

Food and drink

1. You are writing to your friend about food and drink.

   Write approximately **90** words in **French**.

   You must write something about each bullet point.

   Describe:
   - your favourite food / drink and why you like it
   - a meal you ate while on holiday in the past
   - a dish you would like to try in the future.

   > Continue your answer on your own paper if you run out of space.

   ....
   ....
   ....
   ....
   ....
   ....
   ....
   ....
   ....
   ....
   ....
   ....
   ....
   ....
   ....
   ....

   (15 marks)

   > Checklist: Use three time frames, give opinions and reasons, and use longer sentences!

What I like to drink

2. Answer the following question in **French**.

   Qu'est-ce que tu aimes boire? Pourquoi?

   > This question could form part of the conversation in the Speaking exam.

   > Check your response to this question against that given in the Answers section, which is of a student aiming for a higher grade at Foundation level.

Healthy living and lifestyle — Had a go ☐ Nearly there ☐ Nailed it! ☐

Healthy diets

Role play

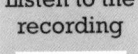

1 You are talking to your French friend.

Listen to the recording of the teacher's part. The teacher will play the part of your friend and will speak first.

You should address your friend as *tu*.

When you see this – ? – you will have to ask a question. **(10 marks)**

> 1 Say what you eat to stay healthy. (Give **one** detail.)
> 2 Say what you like to drink. (Give **one** detail.)
> 3 Give **one** opinion about meals at home.
> ? 4 Ask your friend a question about food.
> 5 Say what you think about vegetarian food. (Give **one** detail.)

In order to score full marks, you must use at least one verb in your response to each task.

A diary entry

2 You read Théo's diary entry about healthy diets.

> Je sais que si on ne mange pas bien, on aura des problèmes de santé graves et inquiétants.
>
> Malgré ça, hier soir j'ai commandé un repas au restaurant qui n'était pas sain. Mes copains m'ont dit d'arrêter de manger des frites, mais c'est vraiment difficile car je les trouve très bonnes.
>
> À l'avenir, je vais essayer de suivre un régime plus sain.

Which **three** statements are correct? Write the correct letters in the boxes.

A	Théo knows that eating unhealthy food will cause serious problems.
B	Théo ordered a healthy meal yesterday.
C	Théo's friends have warned him to stop eating chips.
D	Théo doesn't like the taste of chips.
E	Théo is going to try to eat more healthy food in the future.
F	Théo has begun to eat more healthily.

☐ ☐ ☐

(3 marks)

Had a go ☐   Nearly there ☐   Nailed it! ☐

Healthy living and lifestyle

Sport and exercise

Sport and exercise

1 Lola has sent you an email about sport and exercise.

> Normalement je fais du vélo tous les jours car c'est un moyen efficace de rester en forme. Demain je vais faire un concours de danse avec mes copines au centre-ville. J'espère qu'on gagnera. La semaine dernière, j'ai joué au football avec mon équipe mais on a perdu le match. Après avoir fini le match, je suis allée à la piscine où j'ai fait de la natation avec ma sœur. C'était génial.

What does she say about these events?

Write   **P** for something that happened **in the past**

N for something that is happening **now**

F for something that will happen **in the future**.

Write the correct letter in each box.

(a) Going cycling   ☐

(b) Dancing   ☐

(c) Playing football   ☐

(d) Swimming   ☐

(4 marks)

French exchange

2 A French exchange student is coming to visit.

Write to them about the sports you do.

Write approximately **50** words in **French**.

You must write something about each bullet point.

Mention:

- your favourite sport
- where you do sport
- who you do exercise with
- when you like to do sport
- why exercise is important.

> Continue your answer on your own paper if you run out of space.

(10 marks)

....
....
....
....
....
....

> Make sure that you cover all five bullet points first and then develop **some** of your ideas to get higher marks, for example by justifying your response or giving an opinion. Try to use a bit of variety in your vocabulary and phrases, for example by linking your ideas.

11

Healthy living and lifestyle

Had a go ☐ Nearly there ☐ Nailed it! ☐

Physical wellbeing

Reading aloud

1 Read aloud the following text in **French**.

> Je suis très actif.
> Je fais du vélo le week-end et le soir.
> Je joue au football avec mes amis chaque vendredi.
> Je ne suis pas souvent malade.
> Il est important de bien manger et de boire de l'eau.

(5 marks)

Track 7

Pronunciation should be generally clear and comprehensible so take care with the various sounds you need to get right.

Listen to the recording to help you understand how to say some of these French sounds.

- *Très* normally has a silent final consonant. However, here it is followed by a vowel in *actif*, so you pronounce the s to make it easier to say. This is the same for *mes amis* – you pronounce the s of *mes*.
- The 'a' sounds in *malade* are short, like in the English 'address'.
- The i in *il* is long, like 'ee'.
- The 'an' sound in *important* is a bit like the 'o' in the English 'orange'.

Listen to the recording

Then play the recording of four questions in **French** that relate to the topic of **Healthy living and lifestyle**.

In order to score the highest marks, you must try to **answer all four questions as fully as you can**.

(10 marks)

Physical fitness

2 Ahmed has sent an email to his friend about physical fitness.

> ✉
>
> J'ai l'intention d'améliorer ma forme car je voudrais avoir du succès sportif. J'ai essayé plusieurs sports d'équipe, mais je les trouve difficiles et un peu **barbants**, car ils ne m'intéressent pas. Alors, je préfère un sport où on peut réussir seul comme la natation ou du vélo.
>
> La semaine prochaine je vais commencer à aller à un club sportif en ville. Je rêve de devenir plus sain.

Answer the following questions in **English**.

(a) What does Ahmed intend to do and why? .... **(2 marks)**

(b) What kind of sport does he prefer? .... **(1 mark)**

(c) What will he do next week? .... **(1 mark)**

(d) Which of these is the best translation of *barbants*?

A	demanding
B	boring
C	interesting

(1 mark)

> When you have to work out the meaning of a word that is not in the vocabulary list for the examination, look carefully at the sentence in which the word is found. Try to translate the words around it to have a reasoned guess at the meaning if you don't know.

Had a go ☐   Nearly there ☐   Nailed it! ☐   **Healthy living and lifestyle**

Mental wellbeing

General conversation

1 Answer these questions in **French**.

(a) Le collège est-il trop inquiétant pour les jeunes?

(b) Quels sont les dangers pour les jeunes?

> You might be asked questions like these in the conversation task.

Translation

2 Translate the following sentences into **French**.

I am sad.

....

My friend cannot sleep.

....

> In sentence 2, remember where to put *ne … pas*.

Being healthy is important.

....

I think that I have too many exams and I am worried.

....

> In sentence 3, you need an infinitive to translate an English verb ending in *-ing*.

Last week I started to do more sport to help my health.

....

(10 marks)

> Use *trop de* in sentence 4 and *plus de* in sentence 5.

13

Healthy living and lifestyle

Had a go ☐ Nearly there ☐ Nailed it! ☐

Feeling unwell

Picture task

1 What is in this photo? Write **five** sentences in **French**.

....

....

....

....

.... **(10 marks)**

> For the Writing picture task, be sure to keep your answers very clear and simple. There is no need to write complex sentences.

Illness and injury

2 You read an email Morgane has sent to you about illness and injury.

> ✉
>
> Il y a beaucoup de problèmes chez nous. Hier ma grande sœur s'est coupé la main, en préparant le repas du soir, et elle a dû aller à l'hôpital. Cependant, ce n'était pas trop grave.
>
> Ce matin, après m'être levée, j'avais mal à la tête et ma mère m'a dit que j'avais aussi trop chaud. Je ne suis pas allée au lycée et j'ai passé la journée au lit.

Which **three** statements are correct? Write the correct letters in the boxes.

A	Morgane's sister cut her hand last week.
B	Morgane had to go to hospital.
C	Morgane's sister's injury was not too serious.
D	Morgane had a headache this morning.
E	Morgane's mother was too hot.
F	Morgane spent a day in bed.

☐ ☐ ☐

(3 marks)

> Pay special attention to the people involved and the times mentioned.

Had a go ☐   Nearly there ☐   Nailed it! ☐

Healthy living and lifestyle

Eating out

Target grade 1-5

A magazine article

1 You are writing an article for a magazine about eating out.

   Write approximately **50** words in **French**.

   You must write something about each bullet point.

   Mention:

   - where your favourite restaurant is
   - what you like to eat
   - your preference for drinks
   - why the restaurant is good
   - when you eat out.

   > Continue your answer on your own paper if you run out of space.

   ....
   ....
   ....
   ....
   ....
   ....
   ....
   ....
   ....
   ....
   ....
   .... **(10 marks)**

   > Don't worry if you can't remember a specific word – try to find other ways to say the same thing. For example, if you don't know 'to serve', you could write *Sur la carte il y a …* or *On peut manger …* .

Target grade 4-9

Role play

2 You are talking to your Swiss friend about eating out.

   Listen to the recording of the teacher's part. The teacher will play the part of your friend and will speak first.

   You should address your friend as *tu*.

   When you see this – **?** – you will have to ask a question.

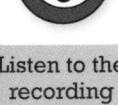
Listen to the recording

   > 1 Say why you eat out. (Give **two** details.)
   > 2 Give **two** details about your favourite restaurant.
   > 3 Say what your favourite food is. (Give **one** detail.)
   > 4 Describe a previous visit to a restaurant. (Give **two** details.)
   > **?** 5 Ask your friend a question about eating out.

   > If you don't know the name of your favourite food in French, just name any food that you do know.

   (10 marks)

Healthy living and lifestyle Had a go ☐ Nearly there ☐ Nailed it! ☐

Opinions about food

Eating out

1 You read Toni's message about food.

> Hier ma famille est allée à un nouveau restaurant qui est situé dans un petit village. J'ai trouvé la cuisine nulle. Comme entrée j'ai choisi du poulet, mais je n'ai pas aimé ça. Après avoir fini, j'ai essayé du poisson avec des frites et c'était assez agréable, mais les fruits que j'ai pris n'étaient pas bons. Mon frère a choisi une glace qu'il a trouvée excellente.

What does Toni write about the food?

Which **three** statements are correct? Write the correct letters in the boxes.

A	Toni went to a restaurant in a small town.
B	She found the starter tasty.
C	She quite liked the fish and chips she ate.
D	She had an ice cream.
E	She did not enjoy the fruit.
F	Her brother enjoyed his dessert.

☐ ☐ ☐

(3 marks)

> Remember to check how many answers you need to select. Here you need to choose three.

Dictation

2 Play the recording of four short sentences.

Listen carefully and, using your knowledge of French sounds, write down in **French** exactly what you hear for each sentence. You will hear each sentence **three** times: the first time as a full sentence, the second time in short sections and the third time again as a full sentence.

Sentence 1

....

Sentence 2

....

Sentence 3

....

Sentence 4

....

(8 marks)

Had a go ☐ Nearly there ☐ Nailed it! ☐ **Education and work**

School subjects

My school life

1 You hear Thomas talking about school life. Complete these sentences. Write the letter for the correct option in each box.

(a) Thomas has studied Art for …

A	three years.
B	three months.
C	since he was three years old.

(b) He is also currently studying …

A	sport.
B	history.
C	science.

(c) Next year he is going to study …

A	drama.
B	media.
C	maths.

(3 marks)

> So many school subjects are mentioned that you will really need to listen carefully for specific details. In question (c) listen for a time phrase that will point you to the future.

Who studies which subjects?

2 Read these comments from an internet forum.

> **Eva:** Dans ma classe de maths, il y a trop d'élèves. Je n'aime pas cette matière.
> **Claude:** Je n'étudie pas le théâtre mais j'apprends la technologie.
> **Maxime:** J'étudie les langues et l'art. Je vais continuer d'étudier le théâtre.

> Look carefully at any negative phrases. Don't just look for the subjects.

Match the correct person with each of the following questions.

Write   **E** for **Eva**
        C for **Claude**
        M for **Maxime**.

Write the correct letter in each box.

(a) Who will study drama?

(b) Who studies technology?

(c) Who doesn't study drama?

(d) Who studies languages?

(e) Who has a crowded class?

(f) Who dislikes maths?

(6 marks)

 Education and work

Had a go ☐ Nearly there ☐ Nailed it! ☐

School likes, dislikes and reasons

 Target grade 6-7

My school

1 You read an email from Rachid about his school.

> Au collège j'étudie l'anglais mais je trouve ça assez dur et mon prof est trop strict. Cependant, puisque la lecture m'intéresse beaucoup, j'adore le français, mais selon moi les maths, c'est nul.
>
> Hier, pendant le cours de sciences, je n'ai pas compris ce que ma prof a dit mais elle a refusé d'expliquer et je n'étais pas content. Demain, il y aura un contrôle de technologie et je dois améliorer mes compétences car je voudrais avoir de bonnes notes.

Answer the following questions in **English**.

(a) What does Rachid think of English? ....

(b) Why does he like French? ....

(c) What did Rachid's teacher refuse to do yesterday? ....

(d) What has Rachid got tomorrow? ....

(e) Why will he need to improve his skills? ....

(5 marks)

 Target grade 1-5

Reading aloud

2 Read aloud the following text in **French**.

> J'étudie neuf matières.
> Je préfère l'anglais et les maths.
> Je trouve l'histoire très intéressante.
> Je n'aime pas le sport car c'est ennuyeux.
> Mon prof de sciences donne trop de devoirs.

(5 marks)

> Listen to the recording to practise some of these sounds.
> j   je
> r   trouve
> è   très
> é   intéressant
> s   très intéressante

Track 12

After reading the sentences, you will then be asked four questions in **French** that relate to the topic of **Education and work**.

In order to score the highest marks, you must try to **answer all four questions as fully as you can**.

(a) Quelle est ta matière préférée?

(b) Tu t'entends bien avec tes professeurs?

(c) Que fais-tu pendant la récréation?

(d) Quelle matière est-ce que tu détestes?

(10 marks)

Had a go ☐   Nearly there ☐   Nailed it! ☐

Education and work

Timetable and school day

Translation

1 Translate the following sentences into **French**.

I like going to school.

....

My favourite subject is English.

....

My brother hates maths because it's very difficult.

....

Last year I did lots of homework.

....

If I have good marks, I can continue my education.

.... **(10 marks)**

In French, the word 'the' is always included before school subjects, for example *l'anglais, les maths*.

Different schools

2 You hear Emma and Nathan talking about their schools.

Choose the correct answer and write the letter in each box.

(a) Emma thinks her school …

A	starts too early.
B	starts too late.
C	serves good food.

☐

(b) At lunch time she …

A	goes home.
B	is really hungry.
C	is tired.

☐

(c) Nathan's journey to school …

A	is pleasant.
B	is always noisy.
C	is by car.

☐

(d) His friends …

A	know the route.
B	are never on time.
C	try to do homework while travelling.

☐

(4 marks)

Education and work

Had a go ☐ Nearly there ☐ Nailed it! ☐

Equipment and facilities in school

Describing school

1. You are writing to your friend about school.

   Write approximately **90** words in **French**. You must write something about each bullet point.

   Describe:
   - your school
   - how you went to school last week
   - your future plans for studying.

   ....
   ....
   ....
   ....
   ....
   ....
   ....
   ....
   ....
   ....
   ....
   ....
   .... **(15 marks)**

   > Continue your answer on your own paper if you run out of space.

   > Make sure you address all three bullet points in your answer and try to develop your responses as much as you can.

My school life

2. You listen to a podcast. Hugo is talking about schools.

   Complete the sentences in **English**.

   (a) Hugo finds studying media ....
   (b) He does research in the ....
   (c) The only place he can do exercise is in the ....

   (3 marks)

Listen to the recording

Had a go ☐ Nearly there ☐ Nailed it! ☐

Education and work

School uniform

My school uniform

1 You read this email from Mathis.

✉ Dans mon école, je dois porter un uniforme scolaire qui n'est pas à la mode. Le pantalon est marron. Je suis pour l'uniforme car ça cache les différences entre les riches et les pauvres et aussi, l'uniforme peut encourager les élèves à améliorer leur comportement. Cependant, il faut changer les couleurs et j'espère qu'on va pouvoir bientôt porter des vêtements plus confortables.

Answer the following questions in **English**.

(a) Why does Mathis object to his uniform?

.... **(1 mark)**

(b) Give **two** reasons why Mathis supports school uniform.

.... **(2 marks)**

(c) What does Mathis say must happen?

.... **(1 mark)**

(d) What would he like to be able to wear?

.... **(1 mark)**

> The phrase *il faut* ... expresses that something is necessary.

Grammar task

2 Using your knowledge of grammar, complete the following sentences in **French**.

Choose the correct French word from the three options in the grid.

Write the correct **word** in the space.

(a) Je .... mon uniforme.

détestes	détestons	déteste

(b) Je préfère .... mes propres vêtements.

porter	porté	porte

(c) .... amis aiment l'uniforme.

Mon	Ma	Mes

(d) Ils aiment .... couleur.

le	la	les

(e) Mon frère .... que l'uniforme est nul.

pense	pensent	penses

(5 marks)

| Education and work | Had a go ☐ Nearly there ☐ Nailed it! ☐ |

Class activities

A school show

1 You see this poster in a French school about a show.

> **Samedi dix mai**
> Venez voir le spectacle de notre classe d'anglais dans la salle de classe 12 à la récréation.
> Entrée: 2 euros

What **three** things are mentioned?

Write the correct letters in the boxes.

A	the date of the show
B	what the show is called
C	where the show is taking place
D	the entry cost
E	what food to bring
F	the exact time of the show

☐ ☐ ☐

(3 marks)

> Pay attention to how many answers are required. Here you need to select three options.

Listen to the recording

A visit

2 You hear Mohamed talking about a visit.

Answer the following questions in **English**.

(a) Who told Mohamed about the exchange?

.... (1 mark)

(b) Why is Mohamed sad?

.... (1 mark)

(c) What two advantages of an exchange does Mohamed mention?

.... (2 marks)

(d) What does he hope will happen?

.... (1 mark)

> Listen carefully for each detail. If you hear one answer that you are sure of, it might help you to locate the answer to another question, as the answers come in order.

Had a go ☐ **Nearly there** ☐ **Nailed it!** ☐

Education and work

School rules

Opinions on school rules

1 Answer these questions as part of a longer conversation about school life.

(a) Qu'est-ce que tu penses des règles scolaires?

(b) Comment est-ce que tu changerais les règles scolaires?

(c) Est-ce que tu es pour ou contre l'uniforme scolaire?

> You will often be asked for an opinion. Revise ways to introduce your opinion and adjectives to help you to say what you think. Here are just some, but there are many more you should know.
>
> | | |
> |---|---|
> | selon moi … in my opinion … | ennuyeux – boring |
> | à mon avis … in my opinion … | confortable – comfortable |
> | je pense que … I think that … | difficile – difficult |
> | ça m'est égal … I don't mind … | intéressant – interesting |
> | je suis contre … I am against … | excellent – excellent |
> | je suis pour … I am for … | extraordinaire – extraordinary |
> | | juste – fair |
> | | important – important |
> | | nécessaire – necessary, essential |
> | | possible – possible |
> | | utile – useful |

> Try to use at least one other time frame as well as the present tense, even if the question is asked in a specific tense.

My school's rules

2 You hear Jules talking about his school's rules.

Answer the following questions in **English**.

(a) What does Jules think about the rules at his school?

.... **(1 mark)**

(b) What happened to his friend last week?

....
.... **(2 marks)**

(c) How does Jules describe his school uniform?

....
.... **(2 marks)**

(d) What does he think about having to wear a school uniform?

.... **(1 mark)**

Listen to the recording

> Listen carefully for each detail. If you hear one answer that you are sure of, it might help you to locate the answer to another question, as the answers come in order.

Education and work

Had a go ☐ Nearly there ☐ Nailed it! ☐

Opinions about school

Writing an article

1 You are writing an article for an online magazine.

Write approximately **150** words in **French**. You must write something about both bullet points.

Describe:
- why your school is a good or bad school
- a recent school event.

> Continue your answer on your own paper if you run out of space.

....

(25 marks)

Listen to the recording

At school

2 You listen to Fatima talking about her school.

Which **three** of the following does she mention? Write the correct letters in the boxes.

A	timetable
B	teachers
C	meals
D	school subjects
E	buildings
F	homework

☐ ☐ ☐

(3 marks)

Had a go ☐ **Nearly there** ☐ **Nailed it!** ☐

Education and work

Options at 16

Conversation

1 Answer this question.

Qu'est-ce que tu vas choisir d'étudier l'année prochaine?

> You might be asked a question like this as part of the conversation part of your Speaking exam. This is your chance to show your teacher what you know, so try to answer as fully as you can. The question is about the future, but you can include other tenses as well – what you have thought about, what you have already done or are doing to prepare for next year.

My post-16 options

2 You read Charlie's message on a discussion forum.

> Je m'appelle Charlie et je viens d'avoir quinze ans. En septembre, je dois choisir ce que je veux faire après mes examens.
>
> Mon ami veut aller au lycée, et aller ensuite à l'université. Je ne suis pas sûr. J'aime créer des choses, donc je pense que je voudrais faire quelque chose de pratique. Je vais probablement faire une formation dans une entreprise locale qui organise des fêtes.
>
> Je vais discuter de mes choix avec mes parents. Ma mère pense que je dois devenir *instituteur* mais je ne veux pas retourner à l'école et je n'aime pas beaucoup les enfants!

Complete the sentences below. Write the correct letter in the box.

(a) Charlie has just turned …

A	fourteen.
B	fifteen.
C	sixteen.

(b) Next year, Charlie's friend wants to …

A	go to sixth form college.
B	go to university.
C	do his exams.

(c) Charlie wants to…

A	be sure.
B	choose something different.
C	do something practical.

(d) He thinks he might …

A	do some training with a local company.
B	go to lots of parties.
C	stay with his parents.

(e) Read the last sentence again. What is an *instituteur*? Write the correct letter in the box.

A	a type of job
B	a type of hobby
C	a type of holiday

(5 marks)

My future studies

3 You hear Inès discussing options with her teacher in school.

Answer the questions in **English**.

(a) Which subject does Inès hate? ....

(b) What is Inès' favourite subject? ....

(c) What is Inès' final choice? ....

(3 marks)

Listen to the recording

25

Education and work

Had a go ☐ Nearly there ☐ Nailed it! ☐

Schools – France and the UK

Conversation

1 Answer this question.

Tu préfères le système d'éducation en France ou en Angleterre? Pourquoi?

> You might be asked this question as part of the conversation task in your Speaking exam.

> You are being asked an opinion, so you can use the language you have learned to give opinions, such as *je pense que, à mon avis, je trouve, je préfère*. You could also use a flexible phrase like *C'est une question intéressante*. But make sure you answer the question by giving an opinion and a reason.

Schools in France and the UK

2 You read Dorian's blog about schools in France and the UK.

> À mon avis, les écoles françaises commencent beaucoup trop tôt et le système d'éducation britannique est meilleur car les cours finissent entre trois heures et trois heures et demie. Je sais que nous avons plus de vacances en été, mais après un mois, je commence toujours à trouver les activités que je fais ennuyeuses. Je préférerais avoir une journée moins longue. Mes parents aussi préféreraient ne pas devoir acheter mes livres et mes cahiers car ils sont très chers.

Which **three** statements are correct?

Write the correct letters in the boxes.

A	Dorian says that he prefers the French system of education.
B	Dorian says that British schools have different finishing times.
C	Dorian gets bored in the holidays.
D	Dorian's parents don't agree with him.
E	Dorian says that he'd prefer a longer day.
F	Dorian's parents have to buy his books.

☐ ☐ ☐

(3 marks)

> Make sure you read the whole passage through at least once before attempting the questions. When there are comparisons in a text, you need to ensure you are answering the correct part of the question and understanding the whole passage will help with this.

Had a go ☐   Nearly there ☐   Nailed it! ☐   **Education and work**

Future study plans

Photo card

1 Talk about the content of these photos. You must say at least **one** thing about each photo.

Photo 1

> The recommended time at Higher tier is approximately **one and a half minutes**.

Photo 2

(5 marks)

After leaving school

2 You read these comments from an internet forum about leaving school.

> **Mathis:** Je sais exactement ce que je vais faire après avoir quitté le lycée. Si c'est possible, j'étudierai dans une université en Angleterre car je voudrais améliorer mon anglais.
>
> **Sacha:** L'année prochaine, je quitterai l'école. Je voudrais faire un apprentissage car je serai payée. À l'avenir, je ne voudrais pas aller à l'université car ce sera trop cher.

Answer the questions.

Write **M** for **Mathis**

　　　S for **Sacha**.

Write the correct letter in each box.

Who …

(a) is leaving school next year?　　☐

(b) would like to go to university?　　☐

(c) wants to travel?　　☐

(d) wants to earn money soon?　　☐

(4 marks)

27

| Education and work | Had a go ☐ Nearly there ☐ Nailed it! ☐ |

Future plans

My future plans

1 Read Enzo's blog about his future plans.

> Je vais bientôt avoir seize ans et j'ai commencé à penser au futur. Je sais que je voudrais avoir deux chiens et habiter dans le sud de la France dans une grande maison avec un jardin. Mais je veux aussi voyager dans des pays européens. Mon ambition est d'étudier à l'université et de devenir *ingénieur* car j'aime les maths, la science et la technologie.

Complete the sentences below.

Write the correct letter in the box.

(a) Enzo is …

A	16.
B	15.
C	17.

(b) He would like to live …

A	in many European countries.
B	in the west of France.
C	in the south of France.

(c) He wants to have …

A	a big house and a garden.
B	three dogs.
C	a big house with a garage.

(d) Read the last sentence again. Which of these is the best way to describe *ingénieur*?

A	a job.
B	a place.
C	a pet.

(4 marks)

> There are clues of *maths, science* and *technologie* to help you work out the answer to (d).

My future plans

2 You listen to Morgane talking about her future plans.

Answer the following questions in **English**.

(a) What is Morgane's ideal job?

.... (1 mark)

(b) What two drawbacks to the job does she mention?

.... (2 marks)

(c) What does she say is important about holidays?

.... (1 mark)

(d) What does she say about marriage?

.... (1 mark)

Had a go ☐   Nearly there ☐   Nailed it! ☐   **Education and work**

Part-time jobs and money

Picture task

> Keep your sentences short and use simple, accurate language. You don't need to write complicated phrases.

1 What is in this photo? Write **five** sentences in **French**.

....

....

....

....

.... **(10 marks)**

A part-time job

2 You read this article that your Swiss friend, Lola, has written in her school magazine.

> Selon moi, avoir un petit emploi est très important pour les jeunes parce qu'on peut gagner de l'argent et ça leur permet de devenir plus indépendants.
> Moi, j'ai enfin trouvé un emploi dans un magasin de vêtements le week-end. Les journées sont longues et je ne m'entends pas bien avec mon patron, mais c'est assez bien payé. La semaine dernière, j'ai acheté un manteau et un pantalon et j'étais vraiment heureuse. Le mois prochain, je vais voyager à Paris pour les vacances.

What does Lola say?

Which **three** statements are correct? Write the correct letters in the boxes.

A	Lola thinks that having a part-time job is a good idea.
B	She works in an independent shop.
C	Her hours are not long.
D	She is quite well paid.
E	Last week she bought some clothes.
F	She went on holiday last month.

> Read the question carefully and make sure you select the required number of answers. Here you need three.

☐ ☐ ☐

(3 marks)

Education and work

Had a go ☐ Nearly there ☐ Nailed it! ☐

Opinions about jobs

Work ambitions

1 You are writing to your friend about jobs.

Write approximately **90** words in **French**. You must write something about each bullet point.

Describe:

- your opinion of a job you want to do with reasons
- a recent part-time job
- where you would like to work in the future.

> Continue your answer on your own paper if you run out of space.

....

....

....

....

....

....

....

(15 marks)

Views on work

2 You listen to Nadia and Yanis giving their views on work.

Complete the sentences. Write the correct letter in the box.

> When there are two parts to a question, the passages will be quite long, so you'll need to pay attention throughout.

Listen to the recording

Part A

(a) Nadia says that her father ...

A	likes his job.
B	earns lots of money.
C	does not earn a lot of money.

(b) Nadia would like to work ...

A	in a café.
B	in a school.
C	as a professional sportswoman.

(c) Her current boss is ...

A	always smiling.
B	always strict.
C	always unpleasant.

Part B

(d) Yanis would like to ...

A	live elsewhere.
B	be near his friends.
C	work in a village.

(e) Yanis was helped in his apprenticeship by ...

A	his pleasant boss.
B	the foreign tourists.
C	his ability to speak English.

(f) Because he likes watching sport, Yanis ...

A	doesn't want to work on Sundays.
B	wants to work at a stadium.
C	doesn't want to go to the tourist office.

(6 marks)

Had a go ☐ Nearly there ☐ Nailed it! ☐

Education and work

Job adverts and skills needed

Reading aloud

1 Read aloud the following text in **French**.

> Je travaille dans un magasin.
> J'aime tous les clients.
> On dit que je suis calme et travailleur.
> Les heures ne sont pas trop longues.
> Je cherche un nouvel emploi dans un très grand restaurant en ville.

(5 marks)

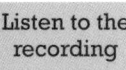

When you have read the text aloud, listen to four questions in **French** that relate to the topic of **Education and work**.

In order to score the highest marks, you must try to **answer all four questions as fully as you can.**

> Always answer as fully as you can, extending and developing your replies.

(10 marks)

Job advertisement

2 You see this advertisement for a job. Answer the questions in **English**.

> On cherche quelqu'un pour travailler à la caisse dans un petit supermarché à 2 kilomètres de Rennes*. Nous voulons une personne qui est fort en maths et qui aime parler avec les clients. Envoyez-nous un e-mail pour recevoir plus d'informations.

*Rennes is a town in France.

(a) Where in the supermarket is the job? **(1 mark)**

....

(b) Give **two** qualities needed for the job. **(2 marks)**

....

Education and work

Had a go ☐ Nearly there ☐ Nailed it! ☐

Applying for jobs

Role play

1 You are talking to your Swiss friend.

Listen to the recording of the teacher's part. The teacher will play the part of your friend and will speak first.

You should address your friend as *tu*.

When you see this – **?** – you will have to ask a question.

> 1 Say why you think working is important. (Give **two** details.)
> 2 Describe your personality. (Give **two** details.)
> 3 Say what job you like. (Give **one** detail.)
> 4 Say something about a past job you had. (Give **two** details.)
> ? 5 Ask your friend a question about jobs.

(10 marks)

> In order to score full marks, you must use at least one verb in your response to each task.

Picture task

> Keep your sentences simple but accurate. There is no need to write complicated phrases for this question.

2 What is in this photo? Write **five** sentences in **French**.

....

....

....

....

....

(10 marks)

32

Had a go ☐ Nearly there ☐ Nailed it! ☐   **Education and work**

Volunteering

Photo card

1 Talk about the content of these photos. You must say at least **one** thing about each photo.

   Photo 1

   Photo 2

   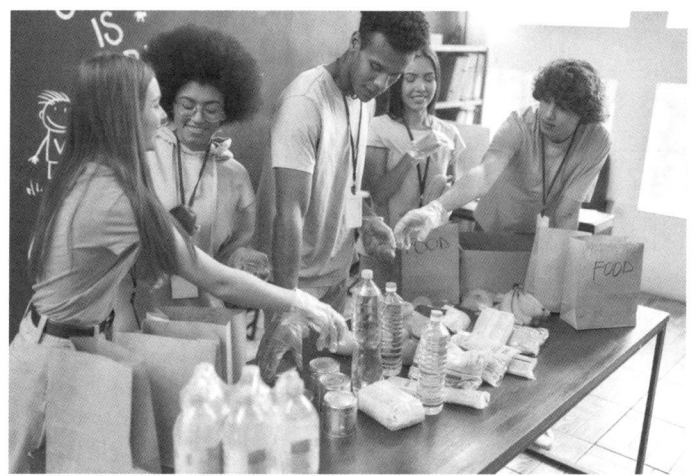

   (5 marks)

Volunteering

2 You hear Lucas, Manon and Rachid talking about volunteering.

   When do they each describe their volunteering as happening?

   Write **P** for in the past

       N for now

       F for in the future.

   Write the correct letter in each box.

   (a) Lucas   ☐

   (b) Manon   ☐

   (c) Rachid ☐

   (3 marks)

Education and work

Had a go ☐ Nearly there ☐ Nailed it! ☐

Equality and helping others

Helping others

1. You read Léa's blog about helping people.

> Je m'appelle Léa et je travaille avec les vieilles personnes dans mon quartier depuis deux ans. Ils ont besoin d'aide, mais ils méritent aussi d'être respectés. Je passe des heures à lire à une femme qui aura quatre-vingt-deux ans le mois prochain et elle me sourit chaque jour. Mon ambition est de créer l'égalité dans la société car je crois que c'est très important. Un jour, j'ai l'intention d'étudier à l'université pour devenir avocat.

What does Léa say about helping people?

Write **A** if only statement **A** is correct

B if only statement **B** is correct

A+B if both statements **A** and **B** are correct.

Write the correct letter(s) in each box.

(a)

A	She has been working with old people.
B	She has been working with unemployed people.

(b)

A	She has spent hours smiling.
B	She has spent hours reading.

(c)

A	Her ambition is to create an equal society.
B	Her ambition is to study law at university.

(3 marks)

Translation

2. Translate the following sentences into **French**.

Equality is important.

....

I like to help people.

....

My parents give money to a local association.

....

Last year I started to work with young people in town.

....

I want to see a fair society where everybody is equal.

....

(10 marks)

> Remember to make your adjectives agree. 'Equality', 'charity' and 'society' are all feminine in French.

Had a go ☐   Nearly there ☐   Nailed it! ☐

Free-time activities

Sporting events

Picture task

> Remember, you don't need to add lots of detail or complex sentences.

1   What is in this photo? Write **five** sentences in **French**.

    ....
    ....
    ....
    ....
    ....   **(10 marks)**

Translation

2   Translate these sentences into **English**.

    J'adore regarder le sport à la télé.

    ....

    Je vais souvent aux événements sportifs dans ma région.

    ....

    Demain ma copine et moi allons visiter le stade au centre-ville.

    ....

    L'année prochaine, j'irai à un match de football professionnel et j'espère qu'il fera beau.

    ....

    Récemment mon oncle m'a invité à voir un concours de vélo. C'était génial.

    ....   **(10 marks)**

> Make sure that you translate using correct tenses.

Free-time activities   Had a go ☐   Nearly there ☐   Nailed it! ☐

Hobbies

Your hobbies

1 You are writing to your friend about hobbies.

Write approximately **90** words in **French**.

You **must** write something about each bullet point.

Describe:
- your favourite hobby with reasons
- your activities last weekend
- what you will do next week.

> Make sure that you check each bullet point so you know which time frame to use.

....
....
....
....
....
....
....

> Continue your answer on your own paper if you run out of space.

(15 marks)

My hobby

2 You read Marie's diary entry.

> J'ai un nouveau passe-temps que j'adore. Je chante à un club dans une ville à un kilomètre de chez moi. Mes amis jouent d'un instrument de musique et nous avons commencé à chanter ensemble. C'était difficile au début, mais maintenant c'est plus facile. Le mois prochain nous allons chanter à une fête pour l'anniversaire de mon oncle.

Complete the sentences.

Write the correct letter in each box.

(a) Marie has …

A	a new hobby.
B	always wanted to sing.
C	started to play a musical instrument.

(b) The club she goes to is …

A	in her home town.
B	quite close to where she lives.
C	10 kilometres away from her home.

(c) She says that performing …

A	has got easier.
B	is very difficult.
C	has got harder.

(d) Next month she is going to …

A	have a birthday party.
B	sing at a wedding.
C	perform at a birthday celebration.

(4 marks)

> Read the options carefully and don't rush to assume that if a word is in the text, it is the correct answer. In part (d), *anniversaire* appears in the text, but 'birthday' appears in two of the options.

Had a go ☐ Nearly there ☐ Nailed it! ☐   **Free-time activities**

Music and dance

Picture task

Marks are awarded for simple, clear and relevant information about what is in the picture. There are only 2 marks awarded for each sentence, so a short, correct phrase is all that is necessary for each.

1 What is in this photo? Write **five** sentences in **French**.

....

....

....

....

.... **(10 marks)**

Grammar task

2 Using your knowledge of grammar, complete the following sentences in **French**.

Choose the correct French word from the three options in the grid.

Write the correct **word** in the space.

(a) J'aime beaucoup ....

chanter	chanté	chante

(b) Mon ami .... d'un instrument de musique.

jouent	joues	joue

(c) Je danse avec .... amis.

mon	ma	mes

(d) Nous .... à un club.

vais	allons	allez

(e) Mon frère .... la musique.

déteste	détestes	detesté

(5 marks)

Free-time activities

Had a go ☐   Nearly there ☐   Nailed it! ☐

Arranging to go out

Reading aloud

1 Read aloud the following text in **French**.

> J'aime beaucoup sortir.
> J'ai un groupe de bons amis.
> On va souvent en ville.
> Il y a une grande piscine.
> Quand il fait beau, je vais au parc pour rencontrer mes amis et jouer au football.

Listen to the recording in the Answers section to check your pronunciation.

(5 marks)

Listen to the recording to help you practise some key French sounds that are useful here.
- The *j* in *j'aime* is soft like the 's' sound in 'leisure'.
- The *ou* in *beaucoup* is like the 'oo' sound in 'shoe' (but shorter!).
- Final consonants are usually silent, like in *beaucoup* – the 'p' is not pronounced.
- But when a silent final consonant is followed by a vowel, you pronounce it! *Bons amis* (bonzami).
- The French *r* is soft and said at the back of the throat.

Track 24

Unable to go out

2 You read an email from Hugo.

> ✉
>
> Hier soir, mon meilleur copain Jules m'a invité à sortir avec lui car il y avait un festival de musique au château près de chez moi. J'ai voulu y aller mais j'ai dû rester à la maison pour garder mon petit frère, alors je lui ai dit que je ne pouvais pas l'accompagner.
>
> Lui, il est allé au festival avec un groupe d'amis et ils m'ont envoyé beaucoup de photos de ce qui s'est passé là-bas. Il y avait beaucoup de gens et on m'a dit que tout le monde semblait vraiment content.

Answer the following questions in **English**.

(a) Who invited Hugo to go out? ....
(b) Where did the festival take place? ....
(c) Why could Hugo not go to the festival? ....
(d) What did Hugo's friends send him from the festival? ....
(e) How did everyone seem at the festival? ....

(5 marks)

Read the passage through carefully at least once to get the overall meaning before looking at the questions. It might help you to avoid making simple mistakes.

Had a go ☐ Nearly there ☐ Nailed it! ☐   **Free-time activities**

Reading

Translation

1 Translate the following sentences into **French**.

I love reading.

....

My sister reads every day if she has the time.

....

I think that books are interesting.

....

Last week I bought a newspaper in town.

....

I want to read more often.

.... **(10 marks)**

> In sentence 1 you could translate this as 'to read' or 'reading'. If you choose 'reading', you will need to use *la*.
>
> In sentence 3 'interesting' is an adjective, which will have to change its spelling to agree with 'books'.
>
> In sentence 4, 'bought' will need *j'ai*.

My recent reading

2 You read an email Luis has sent you about reading.

> ✉
>
> Avant, je n'aimais pas lire car je pensais que ce n'était pas intéressant et je préférais mon ordinateur, mais récemment j'ai lu un roman qui m'a vraiment touché. Le roman raconte l'histoire d'un homme qui n'avait pas d'argent et qui a essayé d'améliorer sa vie sans succès. Après avoir lu le livre, j'étais triste.

Which **three** statements are true?

Write the correct letters in the boxes.

A	Luis has always liked reading.
B	Luis used to read novels.
C	He recently read a novel that had an effect on him.
D	He mentions the storyline of a novel.
E	Luis has tried to improve his life.
F	Luis found a book he read sad.

☐ ☐ ☐

(3 marks)

> You sometimes have to make a connection between words in statements and words in the passage by inference.

Television

Watching television

1 You read an email from Clara about television.

> ✉
>
> Je ne regarde que les émissions amusantes car je les trouve passionnantes. Ma meilleure copine s'intéresse aux séries et elle les regarde le lundi, le mardi et le mercredi. Elle en parle tout le temps et je trouve ça triste parce qu'elle devrait sortir plus.
>
> La semaine dernière elle regardait sa série préférée quand j'ai critiqué son choix et elle n'était pas contente.
>
> J'espère qu'elle va devenir plus active à l'avenir.

Complete these sentences. Write the letter for the correct option in each box.

(a) Clara doesn't watch …

A	anything but funny programmes.
B	TV.
C	funny programmes.

(b) Her friend …

A	watches a series three times a week.
B	loves science fiction programmes.
C	watches TV rarely.

(c) Clara thinks her friend …

A	gets too annoyed.
B	is not happy.
C	should be more active.

(3 marks)

Views on television

2 You hear Nathan talking about television.

Answer the following questions in **English**.

(a) What did Nathan's father used to do? .... (2 marks)

(b) What does Nathan prefer to watch on TV? .... (1 mark)

(c) What does he not watch? .... (1 mark)

> When there are negatives involved, make sure you are answering the correct question.

> Make sure you listen right to the end of the recording before writing your answer.

40

Had a go ☐ Nearly there ☐ Nailed it! ☐   **Free-time activities**

Going to the cinema

Role play

1 You are talking to your Canadian friend.

Listen to the recording of the teacher's part.

The teacher will play the part of your friend and will speak first.

You should address your friend as *tu*.

When you see this – **?** – you will have to ask a question.

> 1 Say what type of film you prefer and why. (Give **one** opinion and **one** reason.)
> 2 Describe your favourite film star. (Give **two** details.)
> 3 Say something you did when you went out last week. (Give **two** details.)
> 4 Give **one** advantage of watching a film at the cinema.
> **?** 5 Ask your friend a question about the cinema.

(10 marks)

> In order to score full marks, you must include at least one verb in your response to each task.

> Remember how to ask a question. You could use *est-ce que*, or put your voice up at the end of the sentence. You could also use a question phrase like *C'est combien…?* or use a question word like *Où* or *Quand*.

Going out

2 You are writing to your friend about going out.

Write approximately **90** words in **French**. You must write something about each bullet point.

Describe:

- where you go out
- what you did last weekend when you went out
- what film you would like to see in the future.

> Continue your answer on your own paper if you run out of space.

....
....
....
....
....
....
....
....

(15 marks)

41

Free-time activities | Had a go ☐ Nearly there ☐ Nailed it! ☐

Places in town

My town

1 You read this article by Chloé. She is describing her town.

> Avant, ma ville était plus petite et il n'y avait ni bibliothèque ni centre commercial, mais maintenant on peut emprunter des livres et faire des achats sans quitter la ville. Ma ville me plaît, surtout parce qu'on vient de faire construire une nouvelle piscine et tous mes copains y vont pour se rencontrer et faire de la natation.
>
> Même si j'aime bien ma région, je crois que je vais vivre ailleurs à l'avenir parce que j'ai l'intention de passer du temps à l'étranger.

Answer the following questions in **English**.

(a) What did Chloé's town not used to have?

....

.... **(2 marks)**

(b) What particular reason does Chloé give for liking her town now?

.... **(1 mark)**

(c) Where does she intend to spend time in the future?

.... **(1 mark)**

An article

2 You are writing about your area for an online magazine.

Write approximately **150** words in **French**.

You must write something about both bullet points.

Describe:

- the pros and cons of where you live
- where you would like to live in the future and why.

> Continue your answer on your own paper if you run out of space.

....
....
....
....
....
....
....
....
.... **(25 marks)**

> Try to include as many of the following as you can to score higher marks: adjectives, adverbs, pronouns, different time frames, connectives and different subjects of the verb.

Had a go ☐ Nearly there ☐ Nailed it! ☐

Free-time activities

Things to do

What I like to do

1 You read an email from Diane.

> ✉
> J'ai beaucoup de passe-temps. De temps en temps, j'aime bien faire du vélo à la campagne mais je préfère rester en ville où on peut aller faire les magasins. En plus, il y a beaucoup de cafés et de restaurants. Hier, j'ai pris un repas excellent avec ma famille avant d'aller au cinéma. Le film qu'on a vu était triste, mais je l'ai bien aimé. Demain, je vais encore aller en ville parce que je vais rencontrer mes copains et nous allons parler ensemble.

> For sentences that contain multiple ideas or clauses, make sure you are clear which part is relevant to the question. For example, Diane's second sentence mentions lots of things she likes doing, but only one will correctly answer question (a).

Complete the sentences below.

Write the correct letter in each box.

(a) Diane likes being in town because …

A	she likes going cycling.
B	you can go shopping.
C	it's relaxing.

(b) Yesterday she …

A	watched a sad film.
B	had a meal with friends.
C	didn't enjoy her trip to the cinema.

(c) Tomorrow she is going to …

A	go to the cinema.
B	talk to her friends.
C	meet her best friend.

(3 marks)

Translation

2 Translate the following sentences into **French**.

I love sport.

....

I like going shopping in town.

....

> 'going' will be *faire*.

In my neighbourhood you can visit the market.

....

> 'visit' will be *visiter*.

Yesterday I went cycling with my friends.

....

On Thursday I'm going to watch a film with my sister and aunt.

....

(10 marks)

> In the fourth sentence, 'I went' will be *j'ai fait* not *je suis allé*.

> In the fifth sentence, 'I'm going' will be *je vais*.

Free-time activities

Had a go ☐ Nearly there ☐ Nailed it! ☐

Shopping

Dictation

1 Play the recording of four short sentences.

Listen carefully and, using your knowledge of French sounds, write down in **French** exactly what you hear for each sentence. You will hear each sentence **three** times: the first time as a full sentence, the second time in short sections and the third time again as a full sentence.

Sentence 1

....

Sentence 2

....

Sentence 3

....

Sentence 4

....

> Use your knowledge of French sounds and grammar to make sure that what you have written makes sense. Check carefully that your spelling is accurate.

(8 marks)

Local shops

2 What do these people think about shops in their area?

> **Emma:** Dans ma ville on ne peut pas acheter de jolis vêtements, alors ce n'est pas génial.
>
> **Sarah:** Récemment on a ouvert un nouveau magasin de mode au centre-ville, mais il est très ennuyeux et il n'y a pas de vêtements à la mode.
>
> **Eric:** Le centre commercial près de chez moi est excellent mais c'est tout le temps fermé le lundi. C'est vraiment embêtant.
>
> **Laure:** Les magasins dans ma ville sont agréables et j'aime bien y faire les achats tous les jours.

Write **P** for a **positive** opinion

   N for a **negative** opinion

   P + N for a **positive** and **negative** opinion.

Write the correct letter(s) in each box.

(a) Emma ☐

(b) Sarah ☐

(c) Eric   ☐

(d) Laure ☐

(4 marks)

44

Had a go ☐   Nearly there ☐   Nailed it! ☐

Free-time activities

Shopping for gifts

Role play

1 You are talking to your Canadian friend.

Listen to the recording of the teacher's part. The teacher will play the part of your friend and will speak first.

You should address your friend as *tu*.

When you see this – **?** – you will have to ask a question.

> 1 Say where you like going shopping. (Give **one** detail.)
> 2 Say **one** gift you like to buy for friends.
> 3 Say what you don't like buying. (Give **one** detail.)
> 4 Give **one** detail about your favourite shop.
> ? 5 Ask your friend a question about shopping for gifts.

(10 marks)

> You can use the same construction (for example *c'est*) more than once as long as you communicate clearly.

> In order to score full marks, you must use at least one verb in your response to each task.

Shopping for gifts

2 You hear Louis talking about buying presents.

Which **two** statements are correct? Write the correct letters in the boxes.

A	Louis finds it hard to buy presents for all his family.
B	Louis' father hates clothes.
C	Louis' father likes reading.
D	Louis has just bought a gift for his brother.

☐ ☐

(2 marks)

45

Customs, festivals and celebrations   Had a go ☐   Nearly there ☐   Nailed it! ☐

Everyday life

Daily routine

1 You are writing to your friend about your everyday life.

   Write approximately **90** words in **French**.

   You must write something about each bullet point.

   Describe:

   - your daily routine
   - what you did last Saturday
   - where you would like to live in the future.

   > Continue your answer on your own paper if you run out of space.

   ....
   ....
   ....
   ....
   ....
   ....
   ....
   ....
   ....

   (15 marks)

   > Remember to cover all three bullet points and try to develop your sentences by linking your ideas, as this makes your sentences more complex and can get you more marks. Remember also that the bullet points always come in the same order – present / past / future time frames.

Translation

2 Translate these sentences into **English**.

   Ce soir, je vais faire mes devoirs d'anglais.

   ....

   On dit que ma vie est plutôt simple.

   ....

   Hier, j'ai décidé de passer la journée à la plage. C'était vraiment agréable.

   ....

   Le week-end prochain, j'irai en ville avec ma famille et on mangera dans un petit café près de la gare.

   ....

   Avant d'aller au collège, je parle avec mes copains.

   ....

   (10 marks)

Had a go ☐   Nearly there ☐   Nailed it! ☐

Customs, festivals and celebrations

Meals at home

Meals at home

1 You are writing to your friend about meals at home.

   Write approximately **90** words in **French**.

   You must write something about each bullet point.

   Describe:
   - what you eat and drink at home
   - a recent visit to a restaurant
   - where you will eat or drink tomorrow.

   > Continue your answer on your own paper if you run out of space.

   > Try to stick quite closely to the suggested word count as the more you write, the more errors you might make!

   ....
   ....
   ....
   ....
   ....
   ....
   ....
   ....
   ....
   ....

   (15 marks)

   > Remember to cover all three bullet points and try to develop your sentences by linking your ideas, as this makes your sentences more complex.

Eating at home

2 You hear Clara talking about food at home.

   Complete these sentences. Write the correct letter in the box.

   (a) Clara's family ...

A	always eat together.
B	eat when they are hungry.
C	always eat the same food.

   (b) Yesterday Clara's sister …

A	ate fish and rice.
B	ate at 4.45.
C	ate earlier than Clara did.

   (c) Yesterday Clara ...

A	did her homework as soon as she got home.
B	ate bread and ham.
C	ate at school.

   (d) Clara's mother …

A	made Clara some chicken.
B	had a glass of water.
C	never does the cooking.

   (4 marks)

Customs, festivals and celebrations

Had a go ☐ Nearly there ☐ Nailed it! ☐

Celebrations

Picture task

> When describing a photo in the Writing exam, you do not need to write complex sentences. Remember to keep it simple and only use the words you know.

1 What is in this photo? Write **five** sentences in **French**.

    ....
    ....
    ....
    ....
    ....   **(10 marks)**

A celebration

2 Toni has written to you about a celebration.

> ✉
>
> Vendredi prochain, je ferai les magasins avec mon frère au centre commercial. Je veux chercher un cadeau d'anniversaire pour ma sœur qui aura bientôt dix-huit ans. Mes parents ont déjà organisé une grande fête chez nous et ils lui ont acheté des vêtements de marque. Je sais qu'elle voudrait bien avoir un chapeau car elle est invitée au mariage d'une amie qui se passera l'année prochaine, alors je voudrais en acheter un pour elle.

Answer the following questions in **English**.

(a) Who is going to be having a birthday soon? .... **(1 mark)**

(b) What present has already been bought? .... **(2 marks)**

(c) What present is Toni looking to buy? .... **(1 mark)**

(d) Why? .... **(1 mark)**

> When there are 2 marks available, there will be more than one element to the answer, as in question (b).

Had a go ☐   Nearly there ☐   Nailed it! ☐   **Customs, festivals and celebrations**

Customs and festivals

Listen to the recording

Role play

1 You are talking to your Swiss friend about festivals.

Listen to the recording of the teacher's part. The teacher will play the part of your friend and will speak first.

You should address your friend as *tu*.

When you see this – **?** – you will have to ask a question.

> In order to score full marks, you must include a verb in your response to each task.

> 1 Say why festivals are important. (Give **two** details.)
> 2 Describe a festival you like and say why you like it. (Give **one** detail and **one** reason.)
> 3 Say what festival you'd like to be part of. (Give **two** details.)
> ? 4 Ask a question about local festivals.
> 5 Say what you think of music festivals. (Give **one** detail.)

(10 marks)

> If you don't know a particular word, try thinking of words that you do know to say a similar thing. For example, here if you don't know 'local', you could say 'festivals in the region'.

Translation

2 Translate the following sentences into **French**.

I love festivals.

....

I like cultural events in my town.

....

My French friend finds concerts interesting.

....

Last week I went to a party with my friends.

....

I want to visit Paris on the 14th of July.

.... **(10 marks)**

> There is no word for 'on' in sentence 5.

Customs, festivals and celebrations

Had a go ☐ Nearly there ☐ Nailed it! ☐

Cultural attractions

Picture task

1 What is in this photo? Write **five** sentences in **French**.

....

....

....

....

....

(10 marks)

Target grade 5-6

Cultural attractions

2 You hear Ahmed, Myriam and Clément talking about cultural attractions.

Complete these sentences. Choose the correct answer and write the letter in the box.

(a) Ahmed saw lots of ...

A	museums.
B	paintings.
C	buildings.

(b) Myriam ...

A	hates visiting monuments.
B	goes on guided tours.
C	has recently visited a tower.

(c) Clément likes tourist attractions that ...

A	are historic.
B	are near rivers.
C	his parents like.

(3 marks)

Listen to the recording

50

Had a go ☐ **Nearly there** ☐ **Nailed it!** ☐ | Celebrity culture

Equality in sport

Translation

1 Translate the following sentences into **French**.

Equality is very important.

....

I follow a lot of sporting celebrities.

....

I think that I can help people.

....

I don't want to be rich or famous.

....

Last week I watched my favourite sporting celebrity on television.

.... **(10 marks)**

> Make sure that adjectives like *important* and *sportif* agree in sentences 1 and 2.

> Words like 'equality' and 'television' need an extra word in front of them for 'the' in French.

Equality in sport

2 You listen to a podcast. Alessandro is talking about equality and sport.

What **three** things does he say? Write the correct letters in the boxes.

A	A group is going to be organised at school to make sport fairer.
B	In the past, girls couldn't play in football matches.
C	The group is concerned only with sport.
D	The group is concerned about bullying.
E	There is going to be a worldwide event.
F	Alessandro hopes that everyone will have fun in the future.

☐ ☐ ☐

(3 marks)

Celebrity culture Had a go ☐ Nearly there ☐ Nailed it! ☐

Celebrity culture

Who likes celebrities?

1 You hear Lucas talking about celebrities.

Choose the correct answer and write the letter in each box.

(a) Lucas reads articles on celebrities to …

A	be informed.
B	forget problems.
C	read about problems.

(b) Fathia loves …

A	acting.
B	fashion.
C	photography.

(c) Lucas's brother thinks celebrities receive …

A	too much money.
B	too much fame.
C	too much attention.

(3 marks)

Translation

2 Translate these sentences into **English**.

J'aime regarder les célébrités à la télévision.

....

Mon acteur préféré est très amusant.

....

Si j'ai le temps, je lis les articles sur les chanteurs.

....

La semaine dernière je suis allé à un concert.

....

Mes parents ne s'intéressent jamais aux personnes célèbres.

....

(10 marks)

> In sentence 2 *préféré* is an adjective. In sentence 4, make sure you use the correct tense.

Had a go ☐ **Nearly there** ☐ **Nailed it!** ☐   **Celebrity culture**

My favourite celebrity

Celebrity role models

1 You listen to Camille talking about celebrity role models.

  What **three** things does she say about her role model?

  Write the correct letters in the boxes.

A	He is rich.
B	He likes going to the cinema.
C	He is famous in many countries.
D	He recently opened a cinema.
E	He is open.
F	He is honest.

☐ ☐ ☐

(3 marks)

> Don't worry if there are a few words you don't recognise. Use the words around them to try to work out any meanings.

Translation

2 Translate the following sentences into **French**.

> 'Singing' will be an infinitive in French.

  I like singing very much.

  ....

  My favourite artist is famous in France.

  ....

  She inspires me because she is kind and patient.

  ....

  Last year I went to see her in a concert and it was the best night of my life!

  ....

  I'm going to listen to her new song online next week and I hope it will be great.

  ....

> 'Me' and 'her' are direct object pronouns and they must come before the verb.

(10 marks)

Celebrity culture — Had a go ☐ Nearly there ☐ Nailed it! ☐

Being famous

Grammar task

1. Using your knowledge of grammar, complete the following sentences in **French**.

   Choose the correct French word from the three options in the grid.

   Write the correct **word** in the space.

   (a) Je .... être célèbre.

   (b) .... frère est à la télé.

   (c) Les acteurs .... souvent riches.

   (d) J'aime aller .... concerts.

   (e) Les célébrités sont ....

veux	veut	voulons
Mon	Ma	Mes
suis	est	sont
au	aux	à la
content	contentes	contente

(5 marks)

Translation

2. Translate these sentences into **English**.

   J'aime beaucoup aller aux concerts avec mes copains.

   ....

   Mon meilleur ami veut être très célèbre.

   ....

   Je déteste les célébrités à la télé.

   ....

   La semaine dernière, j'ai acheté des billets pour un festival de musique.

   ....

   Demain, je vais voir mon acteur préféré.

   ....

(10 marks)

Had a go ☐ Nearly there ☐ Nailed it! ☐   **Celebrity culture**

Celebrity success

Conversation

1 Answer this question.

Que penses-tu des célébrités?

> Don't panic, but think of the vocabulary you know in relation to being a celebrity. That could be about singers, groups, musicians, TV stars, actors or anyone famous, including sports personalities and presenters. Choose something you know the French for and remember it doesn't have to be the truth! It is an opportunity to show off what you know.

A French musician

2 You read an article about Raphaël Lune, a French musician.

> Raphaël Lune est né à Paris il y a vingt-neuf ans. Il a commencé sa carrière dans un groupe de musique sans succès, mais un jour, il chantait dans la rue et un chanteur célèbre l'a vu. Il a beaucoup aimé les paroles d'une de ses chansons! Raphaël est vraiment très connu maintenant et il vient de participer dans un film!

Complete the sentences below.

Write the correct letter in the box.

(a) Raphaël Lune …

A	recently visited Paris.
B	was born 29 years ago.
C	had immediate success in a group.

(b) He was discovered …

A	by a famous actor.
B	while singing in the street.
C	writing songs.

(c) Raphaël …

A	is going to make a film.
B	has stopped performing.
C	has just completed a film.

(3 marks)

Travel and tourism

Had a go ☐   Nearly there ☐   Nailed it! ☐

Transport

Photo card

1 Talk about the content of these photos. You must say at least **one** thing about each photo.

Photo 1

Photo 2

(5 marks)

Ways of travelling

2 You hear Myriam and Théo talking about different means of transport.

What is their opinion on the following methods of transport?

Write **P** for a positive opinion

N for a negative opinion

P+N for a positive and negative opinion.

(a) Aeroplane ☐

(b) Train ☐

(c) Bicycle ☐

(d) Boat ☐

(4 marks)

> If you hear a negative, it may not mean that the overall opinion is negative!

56

Had a go ☐   Nearly there ☐   Nailed it! ☐

Travel and tourism

Travel and buying tickets

Picture task

1 What is in this photo? Write **five** sentences in **French**.

   ....
   ....
   ....
   ....
   ....

(10 marks)

Travel experiences

2 You read Nadia's blog about travel.

> La semaine prochaine, je vais aller au Canada et je suis assez inquiète car je n'ai jamais voyagé sans ma famille et j'ai peur de l'avion. L'année dernière, je suis allée en Angleterre et c'était assez difficile parce qu'il y avait un retard de trois heures à l'aéroport.
>
> J'espère que tout ira bien, mais maintenent je dois faire ma valise!

Which **three** statements are true?

Write the correct letters in the boxes.

A	Nadia is anxious about travelling by plane.
B	Nadia often travels without her family.
C	Nadia went to Canada last month.
D	Nadia has had travel problems before.
E	Her trip to England was not difficult.
F	She is going to pack her suitcase.

☐ ☐ ☐

(3 marks)

> Passages like this sometimes need you to recognise the tenses of the verbs and the time indicators.

Travel and tourism

Had a go ☐ Nearly there ☐ Nailed it! ☐

My region: good and bad

Conversation

1. As part of a conversation, answer this question about your home area as fully as you can.

   Quels sont les avantages et les inconvénients de ta région?

   > Try to add different time frames to add complexity and variety.

   > This is an example of a question about where you live, which you might be asked in a conversation.

Rachid's home area

2. You read Rachid's blog about where he lives.

   > Ma région se trouve dans le nord de la France et je la trouve vraiment géniale. Je vis dans une petite ville mais il n'y a pas trop de circulation et les rues sont propres. On peut faire les magasins et il y a aussi beaucoup d'activités sportives à faire.
   >
   > Malheureusement, il y a quelquefois trop de bruit quand il y a des festivals, surtout le soir. Je voudrais continuer d'habiter ici à l'avenir.

   Complete these sentences.

   Write the letter for the correct option in each box.

   (a) Rachid lives in …

A	the north of France.
B	a big town.
C	the centre of France.

   (b) He thinks that the streets are …

A	noisy.
B	crowded.
C	clean.

   (c) He complains that when there are festivals there …

A	is too much noise.
B	is a lot of pollution.
C	are no good future prospects.

   (3 marks)

Had a go ☐ **Nearly there** ☐ **Nailed it!** ☐

Travel and tourism

My area in the past

My village

1 You hear Clara talking about her area.

Choose the correct answer and write the letter in each box.

(a) In Clara's village there …

A	are no shops.
B	is one shop.
C	is only one person she knows.

☐

(b) The nearest town is …

A	5 kilometres away.
B	5 minutes away.
C	very small.

☐

(c) Clara used to live …

A	with her friends.
B	in the town.
C	in a house.

☐

(3 marks)

My town, now and in the past

2 You read Ahmed's blog.

> Quand j'avais cinq ans, j'habitais dans une ville située dans le sud-ouest de la France. Elle était moins propre et il y avait beaucoup de papiers jetés dans les rues. Heureusement, on a essayé d'améliorer ma région et maintenant j'aime bien le centre-ville où on peut marcher sans avoir peur, car dans le passé, il y avait plus de crime et de violence.
>
> Je vis au bord de la mer et la plage est excellente, mais il y a dix ans, il y avait trop de pollution.

Answer the following questions in **English**.

(a) What was Ahmed's town like when he was five years old? Give **two** details.

....

.... **(2 marks)**

(b) Why does Ahmed like the town centre nowadays?

.... **(1 mark)**

(c) What does Ahmed say about his town 10 years ago?

.... **(1 mark)**

Travel and tourism

Had a go ☐ Nearly there ☐ Nailed it! ☐

Town or country

Living in the countryside

1 You listen to Lola, Mohamed and Sarah talking about living in the countryside.

   What opinion does each of them have on life in the countryside?

   Write **P** for a **positive** opinion

   N for a **negative** opinion

   P+N for a **positive** and **negative** opinion.

   (a) Lola   ☐

   (b) Mohamed   ☐

   (c) Sarah   ☐

   (3 marks)

Picture task

2 What is in this photo? Write **five** sentences in **French**.

   ....
   ....
   ....
   ....
   ....

   (10 marks)

Had a go ☐ Nearly there ☐ Nailed it! ☐

Travel and tourism

During the holidays

My holiday

1 You read Luis' diary entry about his holiday.

> Hier c'était vraiment génial car mes copains et moi sommes allés au bord de la mer où nous avons joué sur la plage avant de prendre le bus pour aller en ville. Après avoir mangé un repas excellent, nous sommes rentrés à l'hôtel, fatigués mais heureux. Cet après-midi, je vais passer la journée chez des amis de mes parents qui habitent dans une très grande maison tout près de la plage et ce sera amusant.

Which **three** statements are correct?

Write the correct letters in the boxes.

A	Luis enjoyed his activities yesterday.
B	Luis travelled to town by bus.
C	Luis and his friends ate at the hotel.
D	Luis was tired but sad at the end of the day.
E	Luis is going to make a long journey this afternoon.
F	Luis is going to spend the day with friends of his parents.

(3 marks)

> Be careful of 'false friends' (words that look like English words but that mean something different) such as *la journée* ('day').

Translation

2 Translate the following sentences into **French**.

I often go to France with my family.

....

My mother likes to spend hours on the beach.

....

Last year my friends and I went to Canada where it was sunny and we visited several lakes.

....

Next weekend I'm going to visit the castle in the countryside.

....

In the future I'd like to live abroad.

....

(10 marks)

> Make sure that you have the correct word for 'to spend' as it's time not money!

61

Travel and tourism

Had a go ☐ Nearly there ☐ Nailed it! ☐

Abroad

Spending time abroad

1 You read these comments from an internet forum.

> **Mathis:** Je vais aller voir ma famille en Afrique cette année. Je vais voyager en avion avec mes parents.
>
> **Fatima:** Le mois dernier, je suis allée à l'étranger, chez mon oncle et ma tante. Nous avons passé deux semaines en Tunisie.
>
> **Nathan:** Chaque année, je passe mes vacances en Amérique avec mon meilleur ami qui habite dans l'est du pays. Je passe un mois avec lui.

Who says what? Choose the correct answers.

Write **M** for Mathis

 F for Fatima

 N for Nathan.

Write the correct letter in each box.

(a) Who spends time with their best friend? ☐

(b) Who is going to visit Africa? ☐

(c) Who is going to travel by plane? ☐

(d) Who went on holiday for a fortnight? ☐

(e) Who goes to the same destination every year? ☐

(f) Who went on holiday last month? ☐

> Take care with mois ('month') as it appears in two different people's comments.

(6 marks)

The holidays

2 You are writing an article about holidays for an online magazine.

Write approximately **150** words in **French**. You must write something about both bullet points.

Describe:
- why holidays are important
- what happened on a recent holiday.

> Don't worry if you don't have experiences to answer a question truthfully. Invent something to show the French you know.

....

....

....

....

....

....

....

....

> Continue your answer on your own paper if you run out of space.

(25 marks)

Had a go ☐ **Nearly there** ☐ **Nailed it!** ☐

Travel and tourism

Types of holiday

Picture task

1 What is in this photo? Write **five** sentences in **French**.

....

....

....

....

....   **(10 marks)**

Promoting Villeneuve

2 You listen to this advert promoting Villeneuve.

What **three** things are mentioned?

Write the correct letters in the boxes.

A	sports
B	shops
C	beach
D	transport
E	weather
F	places to eat

☐ ☐ ☐

(3 marks)

63

 Travel and tourism

Had a go ☐   Nearly there ☐   Nailed it! ☐

Where to stay

Hotel advertisement

1 You read this advertisement.

> Petit hôtel au bord de la mer, près de la plage. Vingt-cinq chambres, piscine et jardin avec un café où on peut manger toute la journée!
> Repas excellent le soir au restaurant; le petit-déjeuner compris mais pas le déjeuner.
> Chiens acceptés.

Which **three** statements are correct? Write the correct letters in the boxes.

The hotel …

A	is near the beach.
B	has 35 rooms.
C	has a swimming pool and a gym.
D	includes lunch in the price.
E	has a café.
F	accepts dogs.

☐ ☐ ☐

(3 marks)

> Look closely at the text and the alternative statements and make sure you choose the correct three.

Reading aloud

2 Read aloud the following text in **French**.

> Quand je pars en vacances, je passe souvent du temps dans un camping en France.
> Mes parents adorent la nature et ils aiment bien dormir dehors.
> Malheureusement, même s'il fait froid, ils disent qu'on devrait faire du camping.
> Mes amis préfèrent un appartement comme logement.
> J'aimerais bien passer mes vacances dans un hôtel l'année prochaine!

(5 marks)

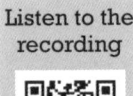

Then listen to the recording of four follow-on questions, speaking your answers in the pauses, or pausing the recording.

In order to score the highest marks, you must try to **answer all four questions as fully as you can**.

(10 marks)

Had a go ☐ Nearly there ☐ Nailed it! ☐   **Travel and tourism**

Booking accommodation

Grammar task

1 Using your knowledge of grammar, complete the following sentences in **French**.

Choose the correct French word from the three options in the grid.

Write the correct **word** in the space.

(a) L'hôtel …………….. très grand.

est	a	sont

(b) Je …………….. trois nuits.

rester	restes	reste

(c) Je visite …………….. région.

le	la	les

(d) Mon frère …………….. faire du camping.

adore	adores	adorons

(e) On peut …………….. en ville.

aller	allé	allez

(5 marks)

> In these tasks you must write the correct word in the space. Make sure that you copy it correctly (including accents if any) as any error in copying will lose you the mark.

Booking accommodation

2 You hear Fatima booking accommodation on the phone.

What does she say? Complete each sentence in **English**.

(a) Fatima wants to book two rooms on ……………………………………………….

(b) She is offered rooms ……………………………………………………………….

(c) She asks for rooms on the first floor because ……………………………………

………………………………………………………………………………………..

(d) Fatima will arrive at ………………………………………………………………..

(e) Fatima asks about …………………………………………………………………. **(5 marks)**

Travel and tourism

Had a go ☐ Nearly there ☐ Nailed it! ☐

Holiday activities

Target grade 4–6

Holiday activities

1 You are writing to your friend about holiday activities.

Write approximately **90** words in **French**. You must write something about each bullet point. Describe:

- what activities you do on holiday
- what you did on a recent holiday
- your plans for future activities on holiday.

> Continue your answer on your own paper if you run out of space.

....
....
....
....
....
....
....
....
....
....
....
....

(15 marks)

Target grade 5–9

Photo card

2 Talk about the content of these photos.

You must say at least **one** thing about each photo.

> Remember that it is good practice to introduce each photo with words like *sur la première / deuxième photo*.

Photo 1

Photo 2

> You can listen to sample answers in the Answers section.

(5 marks)

Had a go ☐ Nearly there ☐ Nailed it! ☐   **Travel and tourism**

Trips and excursions

Translation

1 Translate these sentences into **English**.

J'adore visiter les villes historiques.

....

La nature m'intéresse beaucoup.

....

Je vais voyager à l'étranger avec ma famille.

....

La semaine dernière, je suis allé dans un beau village.

....

Mon petit frère aime la vue du pont.

.... **(10 marks)**

> In translations, read through each sentence in full before trying to translate any of the words. It will give you a better sense of the meaning.

A day out

2 You hear Clara talking about an excursion.

Complete the sentences. Choose the correct answer and write the letter in the box.

(a) Clara visited …

A	an island.
B	a bridge.
C	a café.

(b) She used technology to help her to …

A	find her aunt's house.
B	locate the best restaurants.
C	find the best beach.

(c) Clara visited …

A	a market.
B	an interesting souvenir shop.
C	a clothes shop.

(d) Her trip lasted …

A	four days.
B	two days.
C	four hours.

(4 marks)

67

Travel and tourism

Had a go ☐ Nearly there ☐ Nailed it! ☐

Asking for help / directions

Grammar task

1 Using your knowledge of grammar, complete the following sentences in **French**.

Choose the correct French word from the three options in the grid.

Write the correct **word** in the space.

(a) Je .... en ville.

| allez | vont | vais |

(b) Où est .... hôtel?

| le | la | l' |

(c) Vous .... la première rue à gauche.

| prendre | prend | prenez |

(d) Je voyage .... bus.

| à | en | sur |

(e) Je cherche .... parents.

| mon | ma | mes |

(5 marks)

Asking for help

2 You hear Clément talking about asking for help.

Complete the sentences. Choose the correct answer and write the letter in the box.

(a) Yesterday Clément had help from …

A	a woman.
B	a man.
C	a girl.

(b) He was accompanied to the …

A	river.
B	bank.
C	flat.

(c) Clément lost …

A	his money.
B	his shoe.
C	his friend.

(3 marks)

Had a go ☐ Nearly there ☐ Nailed it! ☐   **Travel and tourism**

Tourist information

Tourist information

1 You read this tourist brochure in a tourist information office in France.

> La vieille ville est populaire pour les touristes car on peut visiter beaucoup de bâtiments historiques. La grande tour à deux kilomètres de la ville sera ouverte au public en août. La vue est excellente et il y a un petit musée de la nature. L'entrée est gratuite.
> Il y a toujours beaucoup de touristes, alors il faut réserver la visite du parc qui se trouve juste à côté de la tour. Ça ne coûte pas cher. Les repas au café sont *incroyables*! Vous n'avez jamais goûté nourriture aussi délicieuse!
> Si vous voulez plus d'information, téléphonez-nous.

Complete the sentences below. Write the correct letter in the box.

(a) The old town is popular with tourists because of …

A	the tours offered.
B	the historic buildings.
C	the pleasant walks.

(b) The tall tower will …

A	be open in August.
B	attract wildlife.
C	not interest young people.

(c) The nature museum …

A	is cheap.
B	is free.
C	is in a park.

(d) Which of these is the best translation for the word *incroyables*?

A	good value
B	fresh
C	unbelievable

(4 marks)

Reading aloud

2 Read aloud the following text in **French**.

> J'habite en ville.
> On peut visiter un musée et un pont.
> Il y a beaucoup de touristes en été.
> Le grand château est très intéressant.
> J'aime faire les magasins dans le centre avec mes amis.

(5 marks)

> The *ille* part of *ville* is pronounced 'eel'.
>
> Remember that in French lots of consonants are silent at the end of the word. For example *peut, pont, intéressant* all have a silent final t and *magasins* and *amis* have a silent final s.
>
> Where a final consonant is followed by a vowel, you **usually** pronounce it. This is called **liaison**. In this text there is liaison of the final s in *très* in *très intéressant*.
>
> When you have finished, listen to the audio file in the Answers section to check your answer.

Travel and tourism

Had a go ☐ Nearly there ☐ Nailed it! ☐

Holiday problems

Problems on holiday

1 Marie writes in her diary.

> Je n'aime pas aller en vacances à l'étranger car il y a toujours des problèmes et je ne dors jamais bien. Je déteste souvent les repas et il ne fait pas chaud. L'année dernière au Canada, j'ai oublié mon portable dans un café, mais mon frère l'a trouvé. Je préfère rester chez moi et sortir avec mes amis dans ma propre région.

Which **three** statements are correct? Write the correct letters in the boxes.

A	Marie likes going on holiday abroad.
B	Marie hates meals on holiday.
C	Marie says it's often warm on holiday.
D	Last year she went to Canada.
E	Her brother lost his money in a café.
F	Someone found her mobile phone.

> Make sure that if more than one person is mentioned in a text, you have the right person for an action or activity.

☐ ☐ ☐

A difficult trip

2 You hear Toni talking about holiday problems on a French radio programme.
Answer the following questions in **English**.

(a) How did Toni and her aunt travel?

.... **(1 mark)**

(b) When did they arrive at the hotel?

.... **(1 mark)**

(c) What **two** problems happened on the first day?

....

.... **(2 marks)**

(d) What **two** things happened after Toni and her aunt had their meal?

....

.... **(2 marks)**

Had a go ☐ Nearly there ☐ Nailed it! ☐   **Travel and tourism**

Accommodation problems

Problems with accommodation

1 You read Sacha's article about accommodation problems.

> Normalement, j'adore aller en vacances car je m'entends très bien avec ma famille. Par contre, je viens de rentrer de vacances nulles dans un hôtel en France. D'abord, on ne nous a pas aidé avec nos bagages et notre chambre était au cinquième étage! J'ai trouvé les repas assez bons mais il y avait trop de bruit le soir et je n'ai pas bien dormi. Le dernier jour des vacances, on a volé la valise de ma mère et on a dû appeler la police. Mes parents vont écrire au patron de l'hôtel pour lui expliquer les problèmes qu'on a eus. Je pense que nous n'irons plus à cet hôtel.

What does Sacha write about her holiday?

Which **three** statements are correct? Write the correct letters in the boxes.

A	Sacha has just returned from a holiday.	D	She slept quite well.
B	The employees were not helpful.	E	Sacha's mother was arrested by the police.
C	Sacha disliked the meals in the hotel.	F	Someone stole a suitcase.

☐ ☐ ☐

(3 marks)

> Look at the text carefully and read it through first before you start to answer the questions as it's important to be sure of the general meaning of the passage.

Translation

2 Translate the following sentences into **French**.

I like going on holiday but there are often accommodation problems.

....

....

> You will need to say 'problems **of** accommodation'.

In July I spent a week in a bad hotel with my favourite uncle.

....

....

My room was not clean and, in the evening, there was too much noise in the restaurant.

....

....

> There won't be a word for **in** when you translate 'in the evening'.

Next year I would like to go camping.

....

....

> 'To go camping' won't be translated with *aller*!

It is important to relax on holiday.

....

....

(10 marks)

71

Travel and tourism

Had a go ☐ Nearly there ☐ Nailed it! ☐

The weather

Translation

1. Translate the following sentences into **French**.

   I like hot weather.

   ....

   > The word for 'hot' comes **after** the noun.

   I go to the beach with my friends at the weekend.

   ....

   When it's bad weather I stay at home.

   ....

   > 'it's bad weather' = *il fait mauvais*

   Last week there was snow every day.

   ....

   If it's cold weather, I'm sad.

   ....

   (10 marks)

Weather report

2. You hear this weather report on the radio.

   Complete the sentences. Write the correct letter in the box.

   (a) This afternoon in the south the weather will be …

A	hot.
B	colder.
C	windy.

   (b) It will be foggy all day in …

A	the north.
B	the mountains.
C	the west.

   (c) Tomorrow in the east …

A	the sky will be blue.
B	it will rain.
C	it will be cold.

   (3 marks)

Had a go ☐   Nearly there ☐   Nailed it! ☐

Travel and tourism

Visiting a city

Conversation

1 Answer this question.

   Parle-moi d'une visite récente dans une grande ville.

> As part of a conversation, you need to answer this question as fully as you can. You will have time to prepare ideas at the beginning of your Speaking exam.

> The sample answer provided in the Answers section contains a lot of excellent detail but is very long to be a single answer. Be prepared for the examiner to interrupt and ask questions about what you are saying, as in a natural conversation, so try not to deliver your answer as a long speech!

Photo card

2 Talk about the content of these photos. You must say at least **one** thing about each photo.

Photo 1

Photo 2

(5 marks)

Media and technology

Had a go ☐ Nearly there ☐ Nailed it! ☐

Me and my mobile

Photo card

1 Talk about the content of these photos. You must say at least **one** thing about each photo.

> During your preparation time, look at the two photos. You may make as many notes as you wish on an Additional Answer Sheet and use these notes during the test.

Photo 1

Photo 2

(5 marks)

My mobile phone

2 You read these comments from an internet forum.

> **Alex:** Je parle avec mes amis sur mon portable et on discute de musique.
>
> **Toni:** Je n'aime pas envoyer des messages et des e-mails, mais de temps en temps je partage des photos et je télécharge de la musique.
>
> **Jade:** Mon frère m'envoie souvent des e-mails sur mon portable. J'aime vraiment regarder des vidéos amusantes.

Who says what?

Write **A** for Alex
       T for Toni
       J for Jade.

> Be careful as *musique* and *e-mails* appear in the comments of two different people.

Write the correct letter in each box.

(a) Who likes watching funny things? ☐   (d) Who doesn't like sending emails? ☐

(b) Who talks about music? ☐   (e) Who talks to friends on a mobile? ☐

(c) Who receives emails often? ☐   (f) Who shares photos? ☐

(6 marks)

Had a go ☐ Nearly there ☐ Nailed it! ☐ | **Media and technology**

Social media

Conversation

1 Answer these questions.

(a) Que penses-tu des réseaux sociaux?

(b) Tu passes beaucoup de temps en ligne chaque jour? Pourquoi?

> These questions could be part of a general conversation topic.

> To get higher marks, try to include some constructions that require the use of the infinitive like *on peut ...* (you can ...).

Social media

2 You read Charlie's email.

> ✉
>
> Je passe beaucoup de temps sur les réseaux sociaux et je crois que mon portable est essentiel dans ma vie quotidienne. Cependant, je sais qu'il y a des dangers et récemment mon meilleur copain a été harcelé en ligne et on risque aussi le vol d'identité. Pourtant, je trouve que c'est un moyen efficace de suivre les événements du monde. Par exemple, hier, j'ai regardé une vidéo intéressante sur l'aide pour les pauvres à Madagascar.
>
> Demain je vais partager une photo amusante de mon chien et tous mes amis vont sourire.

Answer the following questions in **English**. You do not need to write in full sentences.

(a) What does Charlie say about his mobile?

.... **(2 marks)**

(b) What two dangers does he mention?

.... **(2 marks)**

(c) What did he watch yesterday?

.... **(2 marks)**

(d) What will his friends do tomorrow?

.... **(1 mark)**

> Read the whole passage through carefully at least once before trying to answer the questions. It will help you get a sense of the content and might help you to avoid making mistakes.

Media and technology

Had a go ☐ Nearly there ☐ Nailed it! ☐

The internet

Listen to the recording

Role play

1 You are talking to your French friend.

Listen to the recording of the teacher's part. The teacher will play the part of your friend and will speak first.

You should address your friend as *tu*.

When you see this – **?** – you will have to ask a question.

> 1 Say what you think about the internet and why.
> 2 Say what you did online yesterday. (Give **two** details.)
> 3 Say when you use the internet.
> 4 Give one disadvantage of the internet.
> ? 5 Ask your friend a question about technology.

(10 marks)

> In order to score full marks, you must include at least one verb in your response to each task.

An email about the internet

2 You are writing an email to a Belgian friend.

Tell them about how you use the internet. Write approximately **50** words in **French**. You must write something about each bullet point.

Mention:

- online activities
- your favourite device to use when going online
- social media
- how much time you spend on the internet
- dangers.

> Continue your answer on your own paper if you run out of space.

....
....
....
....
....
....
....
....
....
....
....

(10 marks)

> Make sure that you cover all five bullet points with some development of ideas as clearly as you can. Don't use something that you are unsure about as this might lose you marks.

Had a go ☐   Nearly there ☐   Nailed it! ☐   **Media and technology**

Computer games

Photo card

1 Talk about the content of these photos. You must say at least **one** thing about each photo.

> Remember to focus your picture description on people, location and activity but you can add other details too, as long as they are in the picture.

Photo 1

Photo 2

(5 marks)

Computer games blog

2 You read Jules' blog about computer games.

> Mon passe-temps préféré, c'est les jeux vidéo. Hier j'ai acheté un nouveau jeu vidéo que je vais utiliser pour la première fois ce soir. Je suis membre d'un club où on peut essayer des jeux avant d'en acheter ou télécharger ailleurs. À mon avis il vaut la peine d'être membre car ce n'est pas cher et c'est très pratique.

Complete the sentences below.

Write the correct letter in the box.

(a) Yesterday Jules …

A	played a video game.
B	bought a video game.
C	bought a present.

(b) At his virtual club you can …

A	download games.
B	try out games.
C	buy games.

(c) He thinks that the club is …

A	good value.
B	too expensive.
C	not practical.

(3 marks)

> If there are words or phrases that you don't know, read carefully around them as there will be clues from the words that you do know.

77

Media and technology

Had a go ☐ Nearly there ☐ Nailed it! ☐

Pros and cons of technology

Staying safe online

1 You listen to Lucas, Fathia and Inès talking about technology.

Complete the sentences in **English**.

(a) Lucas thinks it is better to ....

(b) Fathia says that a disadvantage of technology is ....

(c) Inès' parents don't allow her ....

(3 marks)

> Look at the English words in the sentences and try to think what they are in French so you can listen for some of them during the recording.

Technology blog

2 You read Dorian's blog about technology.

> Avant, je pensais qu'il n'y avait que des avantages de la technologie. J'utilisais mon portable sans problèmes et je jouais et discutais avec mes copains en ligne. Cependant, il y a trois jours quelqu'un m'a envoyé des messages qui n'étaient pas agréables. J'ai parlé avec mes parents car j'étais un peu inquiet. Maintenant je sais qu'il y a aussi des inconvénients de la technologie et je serai plus conscient de la sécurité en ligne.

Which **three** statements are correct?

Write the correct letters in the boxes.

A	Dorian used to think that there were no disadvantages of technology.
B	Dorian had lots of problems using his tablet in the past.
C	Dorian received unpleasant messages three weeks ago.
D	Dorian has changed his mind about technology.
E	Dorian hopes to make more friends online in the future.
F	Dorian is going to be more aware of online safety.

☐ ☐ ☐

(3 marks)

> Always check carefully how many statements you need to choose. Here you need three.

Had a go ☐ Nearly there ☐ Nailed it! ☐

The environment and where people live

The natural world

Picture task

> Think about the people, what they are doing and where they are. If they are outside, as here, you could also write about the weather.

1 What is in this photo? Write **five** sentences in **French**.

....
....
....
....
.... **(10 marks)**

A visit to Africa

2 You read an email Léa has written about a recent visit.

> ✉
>
> J'ai passé une semaine à la campagne en Afrique avec mes copains. Dans le pays qu'on a visité, il ne pleut presque jamais et tout est très triste car il y fait toujours chaud, même en hiver. Malheureusement, il n'y a pas assez d'eau. Mes amis et moi sommes allés à un petit lac où les gens viennent pour laver les vêtements.

What does Léa say? Which **three** statements are correct? Write the correct letters in the boxes.

A	Léa spent a month in Africa.
B	The country she visited has lots of rainfall.
C	The country is hot in winter.
D	There is a lack of food.
E	Léa went to a lake with her friends.
F	People wash clothes in a lake.

☐ ☐ ☐

(3 marks)

> Make sure you read the whole passage carefully at least once before answering. The incorrect statements may contain some words taken from the passage.

The environment and where people live

Had a go ☐ Nearly there ☐ Nailed it! ☐

Spending time in the countryside

Reading aloud

1 Read aloud the following text in **French**.

> Je trouve la nature très intéressante.
> Mes copains pensent qu'on doit sauver les arbres et les animaux.
> Pendant les grandes vacances je travaille dans une ferme.
> Nous aimons passer du temps à la campagne à regarder les fleurs.
> De temps en temps, on fait de la natation dans un lac.

(5 marks)

> Remember that *aille* in *travaille* makes a sound like the y in the English word 'dry'.

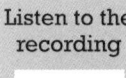

Play the recording to hear four questions in **French** that relate to the topic of **The environment and where people live**. **(10 marks)**

> In order to develop your answers, try to use three verbs in each response.

The natural world

2 You listen to Ahmed, Myriam and Clément talking about the natural world.

Complete the sentences. Write the correct letter in the box.

(a) In the countryside, Ahmed likes …

A	swimming.
B	horse riding.
C	cycling.

☐

(b) Myriam likes looking at fish and …

A	trees.
B	flowers.
C	chickens.

☐

(c) Clément says that there are fewer …

A	tourists.
B	buildings.
C	woods.

☐

(3 marks)

Had a go ☐ Nearly there ☐ Nailed it! ☐   **The environment and where people live**

The environment and me

Views on the environment

1 You hear Lucas, Manon and Rachid talking about the environment.

   What does each of them say about helping the environment?

   Write **P** for the person who talks about something in the **past**

   N for the person who talks about something **now**

   F for the person who talks about the **future**.

   Write the correct letter in each box.

   (a) Lucas   ☐

   (b) Manon   ☐

   (c) Rachid   ☐   **(3 marks)**

Translation

2 Translate the following sentences into **French**.

   I want to help the environment because I think that it's very important.

   ....

   ....

   I always recycle paper and glass.

   ....

   ....

   Last week my friends used some old plastic bags at the supermarket.

   ....

   ....

   We must reduce traffic in the towns.

   ....

   ....

   I am going to stop travelling by car in the future.

   ....

   ....

   (10 marks)

The environment and where people live

Had a go ☐   Nearly there ☐   Nailed it! ☐

Local environmental issues

Helping the environment

Listen to the recording

1. You hear a podcast. Mathis is talking about helping the environment. Complete the sentences in **English**.

   > Watch out for negatives.

   (a) Mathis prefers going into town by ....
   (b) He never goes to school ....
   (c) In the future he is not going to buy ....
   (d) His friends think the town is ....

   (4 marks)

Local environmental issues

2. You read Théo's blog about local environmental issues.

   > Je m'intéresse à l'environnement depuis quelques années et, il y a six mois, j'ai manifesté contre les déchets dans la ville. On trouve souvent des poissons morts dans le lac local car ils mangent le plastique jeté dans l'eau.

   Which **three** statements are correct? Write the correct letters in the boxes.

A	Théo has been interested in the environment for some years.
B	Théo cleaned up the local streets.
C	Théo protested 6 months ago.
D	Théo demonstrated about transport issues.
E	Dead fish have been found in a lake.
F	Fishing has been banned because of plastic waste.

   ☐ ☐ ☐

   (3 marks)

   > Here, *depuis* and *il y a* are both used alongside periods of time, but you need to look at the tenses of the verbs used in the phrases to see if those actions are ongoing or in the past.
   >
   > ... *depuis* + present = to have been doing something for a time period
   > Example: *Je suis professeur depuis 10 ans.* = I have been a teacher for 10 years.
   >
   > ... *il y a* + past = to have done something some time ago
   > Example: *Il y a trois ans je suis allé(e) à Paris.* = Three years ago I went to Paris.

Had a go ☐ Nearly there ☐ Nailed it! ☐   **The environment and where people live**

Global environmental issues

Dictation

1 Play the recording of four short sentences.

Listen carefully and, using your knowledge of French sounds, write down in **French** exactly what you hear for each sentence.

Sentence 1 ....

Sentence 2 ....

Sentence 3 ....

Sentence 4 ....

(8 marks)

> In dictations, when you hear the two words from outside the vocabulary list, try to visualise how they would be written by listening to the sounds you hear.

Global environmental issues

2 You read this magazine article from a Belgian school magazine.

> Salut tout le monde! A l'école, nous venons d'étudier les problèmes mondiaux et un scientifique* célèbre nous a raconté les catastrophes de l'environnement qui se sont passées dans différents pays. Au Canada, il y a eu des problèmes causés par les changements de climat et plus de cinquante mille animaux sont morts. C'était vraiment triste. Il a aussi parlé des espèces en voie de disparition** en Afrique car ils risquent de ne pas trouver assez à manger et à boire.
>
> Nous pensons qu'on doit protéger ces pauvres animaux et il faut encourager les gens à ne pas jeter leurs déchets dans les rues, les parcs ou dans la mer parce que certains animaux mangeront les choses en plastique et ils peuvent tomber malades.

scientifique – scientist   ** *disparition* – disappearance

Answer the following questions in **English**.

(a) What did the scientist talk about?

.... **(1 mark)**

(b) What has taken place in Canada and what were the consequences?

.... **(2 marks)**

(c) What problem did he talk about in Africa?

.... **(1 mark)**

(d) What does the writer say we should encourage people not to do?

.... **(1 mark)**

(e) What will happen to animals, according to the last sentence?

.... **(2 marks)**

The environment and where people live

Had a go ☐ Nearly there ☐ Nailed it! ☐

Caring for the planet

Conversation

1 Answer these questions.

(a) Comment peut-on sauver notre planète?

(b) Qu'est-ce que tu as fait pour aider notre planète?

(c) Qu'est-ce que tu vas faire à l'avenir pour sauver notre planète?

> You might be asked questions like this in the conversation section of your Speaking exam.

> Don't worry if you can't think of any real experience you've had for the conversation questions. Just use the French you know in your answer – you don't have to be truthful, so you can make up experiences or ideas to fit the French words you know.

> Learn some flexible phrases that can be applied to many questions to help develop your conversation answers. Phrases such as *A mon avis …, On dirait que …, Par contre …, Cela vaut la peine …* are very useful when expressing opinion.

Translation

2 Translate these sentences into **English**.

J'aime beaucoup ma famille et mes amis.

....

La planète est très important pour moi.

....

Nous devons aider les associations pour sauver la planète.

....

Hier, j'ai recyclé des choses en plastique.

....

À l'avenir, je vais protéger les animaux en danger.

....

(10 marks)

> Make sure that you read each sentence fully before starting the translation. Consider each word, but remember that you may not always be able to translate word for word. Always read through to make sure that what you have written makes sense in English.

Had a go ☐ Nearly there ☐ Nailed it! ☐   **The environment and where people live**

A greener future

Being green

1. You are writing to your Belgian friend about being green.

   Write approximately **90** words in **French**. You must write something about each bullet point.

   Describe:
   - transport in your area
   - something you did recently to support the environment
   - what you will do in the future to be greener.

   > Continue your answer on your own paper if you run out of space.

   ....
   ....
   ....
   ....
   ....
   ....
   ....
   ....
   ....
   ....
   ....

   (15 marks)

A greener future

2. You read Jade's email about a greener future.

   >
   >
   > Nous devons tous réagir pour protéger notre monde car on risque de voir disparaître beaucoup d'espèces d'animaux et de ne pas avoir assez d'espaces vertes. Ce serait terrible. À mon avis, il ne faut pas permettre aux personnes de faire construire trop de bâtiments à la campagne, surtout si on détruit le beau paysage. Nous sommes en train de perdre trop de beaux champs! Je crois qu'il est important de protéger la nature et de persuader les gens que la situation actuelle est grave et que nous devons devenir plus conscients de l'effet de nos actions sur l'environnement!

   Answer the following questions in **English**.

   (a) What two consequences are mentioned if people don't act together to save the world? (Give **two** details.)

   ....
   ....

   (b) What shouldn't people be allowed to do in the countryside?

   ....

   (c) How does she describe the current situation?

   ....

   (4 marks)

About the exams

Had a go ☐ Nearly there ☐ Nailed it! ☐

Practice for Paper 1: Listening

Practise for the Listening tasks with this selection of exam-style questions.

Target grade 1-2

Track 53

A town

1. Your French friend is talking about her town.

   Which **three** things does she mention? Write the correct letters in the boxes.

A	a castle	D	transport
B	clean streets	E	a stadium
C	shops	F	a swimming pool

   ☐ ☐ ☐ **(3 marks)**

Target grade 3

Track 54

A family

2. You hear Rachid talking about his family.

   Choose the correct answer and write the letter in each box.

   (a) Rachid does not get on well with …

A	his brother.
B	his sister.
C	his uncle.

   (b) His sister …

A	is too chatty.
B	is not nice.
C	is older than him.

   (c) His uncle …

A	lives in France.
B	is very sporty.
C	is English.

   (d) His uncle doesn't like …

A	travelling.
B	sport.
C	reading.

   (e) His aunt finds her job …

A	dull.
B	interesting.
C	exciting.

   (5 marks)

Target grade 4

Track 55

Holidays

3. You hear Nathan talking about holidays.

   Answer the questions in **English**.

   (a) Where does Nathan's family prefer to go on holiday? ………………………………………

   (b) Where is their next holiday going to be? ………………………………………

   (2 marks)

Target grade 4-5

Track 56

Holiday accommodation

4. Jade and Pierre are talking about holidays.

   What are their opinions on the following types of accommodation?

   Write **P** for a **positive** opinion

   N for a **negative** opinion

   P+N for a **positive** and **negative** opinion.

   (a) renting a flat ☐   (b) camping ☐   (c) hotel ☐   **(6 marks)**

86

Had a go ☐ Nearly there ☐ Nailed it! ☐

About the exams

Practice for Paper 1: Listening

Practise for the Listening tasks with this selection of exam-style questions.

Target grade 4-5

Track 57

A holiday destination

1 You listen to this advert promoting the holiday destination of Villeneuve.

   Which **three** things are mentioned?

   Write the correct letters in the boxes.

A	transport	D	eating out
B	accommodation	E	weather
C	shopping	F	sports

   ☐ ☐ ☐ **(3 marks)**

A discussion between friends

Target grade 6-8

Track 58

2 You listen to Théo and Myriam talking about their lives.

   Choose the correct answer and write the letter in each box.

   (a) Theo needs …

A	money.
B	to sell items.
C	to make new friends.

   (b) He has …

A	several jobs.
B	lots of school work.
C	an office job.

   (c) Theo will be available to work …

A	in the summer.
B	every day.
C	after school.

   (d) Currently Myriam …

A	is taking exams.
B	is finding school hard.
C	has no homework.

   (e) She has been working in a shop …

A	for six months.
B	for a month.
C	with a vet.

   (f) Her parents …

A	are not responsible.
B	are worried about their jobs.
C	think that Myriam has no aims.

   (6 marks)

Target grade 4-9

Track 59

Dictation

3 You will now hear five short sentences. Listen carefully and, using your knowledge of French sounds, write down in **French** exactly what you hear for each sentence.

   You will hear each sentence **three** times: the first time as a full sentence, the second time in short sections and the third time again as a full sentence.

   Use your knowledge of French sounds and grammar to make sure that what you have written makes sense. Check carefully that your spelling is accurate.

   Sentence 1 ....

   Sentence 2 ....

   Sentence 3 ....

   Sentence 4 ....

   Sentence 5 ....

   (10 marks)

About the exams

Had a go ☐ Nearly there ☐ Nailed it! ☐

Practice for Paper 2: Speaking

Practise for the Speaking tasks with this selection of exam-style questions.

Role play

1 You are talking to your French friend.

Your teacher will play the part of your friend and will speak first.

You should address your friend as *tu*.

When you see this – ? – you will have to ask a question.

In order to score full marks, you must include a verb in your response to each task.

> 1 Say where you go out with friends. (Give **one** detail.)
> 2 Say what your favourite hobby is. (Give **one** detail.)
> 3 Say what you like to do with your family. (Give **one** detail.)
> ? 4 Ask your friend a question about free time.
> 5 Describe a member of your family. (Give **one** detail.)

(10 marks)

Reading aloud

2 Read out the following text in **French**.

> Je suis très sportive.
> Mon frère va à l'école en car.
> Ma copine fait du vélo avec sa famille.
> Le dimanche, je joue au foot avec mes amis.
> J'aime boire du café et manger des frites.

(5 marks)

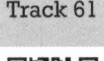

Now listen to the recording of four questions in **French** that relate to the topic of **Identity and relationships with others**.

In order to score the highest marks, you must try to **answer all four questions as fully as you can**. **(10 marks)**

Photo card

3 Look at the two photos as part of your preparation. Make as many notes as you want on an Additional Answer Sheet for use during the test.

Talk about the content of the photos. The recommended time is approximately **one minute** at Foundation tier. **You must say at least one thing about each photo.**

After you have spoken about the content of the photos, play the recording to hear and respond to questions related to **any** of the topics within the theme of **People and lifestyle**. **(15 marks)**

Photo 1

Photo 2

Had a go ☐ Nearly there ☐ Nailed it! ☐ **About the exams**

Practice for Paper 2: Speaking

Practise for the Speaking tasks with this selection of exam-style questions.

Role play

1 You are talking to your Swiss friend.

Your teacher will play the part of your friend and will speak first.

You should address your friend as *tu*.

When you see this – **?** – you will have to ask a question.

> 1 Describe the area you live in. (Give **two** details.)
> 2 Say what there is for tourists in your region. (Give **two** details.)
> 3 Say one place you visited recently in your area and why. (Give **one** detail and **one** reason.)
> ? 4 Ask your friend a question about where they live.
> 5 Say what you don't like about your area. (Give **one** detail.)

(10 marks)

Reading aloud

2 Read out the following text in **French**.

> Je veux manger plus de légumes.
> J'essaie de faire beaucoup de sport, surtout en été.
> Mon frère dit qu'il évite de passer trop de temps devant un écran.
> Il croit que ce n'est pas bon pour la santé.
> Demain, mes copains vont faire du vélo à la campagne.
> Moi, je préfère aller nager avec mes deux sœurs, donc on ira à la plage.

(5 marks)

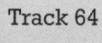

Now listen to the recording of four questions in **French** that relate to the topic of **Healthy living and lifestyle**.

In order to score the highest marks, you must try to **answer all four questions as fully as you can**.

(10 marks)

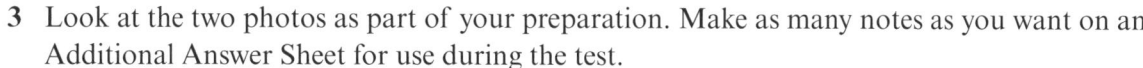

Photo card

3 Look at the two photos as part of your preparation. Make as many notes as you want on an Additional Answer Sheet for use during the test.

Talk about the content of the photos. The recommended time is approximately **one and a half minutes** at Higher tier. **You must say at least one thing about each photo**.

After you have spoken about the content of the photos, play the recording to hear and respond to questions related to **any** of the topics within the theme of **People and lifestyle**. **(15 marks)**

Photo 1   **Photo 2**

About the exams

Had a go ☐ Nearly there ☐ Nailed it! ☐

Practice for Paper 3: Reading

Practise for the Reading tasks with this selection of exam-style questions.

Target grade 1-2

Free time

1 You read these comments on an internet forum.

> **Alex:** J'aide mes parents chez moi. Je travaille dans le jardin et je fais la cuisine.
>
> **Clara:** Le week-end je sors avec mes amis. On va souvent au cinéma mais je n'aime pas aller à la piscine.
>
> **Enzo:** Je fais de la natation le week-end avec mes parents. Le dimanche nous regardons un match de foot.

Who says what?

Write **A** (Alex), **C** (Clara) or **E** (Enzo).

Write the correct letter in each box.

Who ...

(a)	watches sport?		(d)	watches films?	
(b)	prepares food?		(e)	goes swimming?	
(c)	works in the garden?		(f)	goes out with friends?	

(6 marks)

Target grade 4

Email from a friend

2 You read this email from Luis to his friend.

> ✉
>
> Salut!
>
> Je pense que les vacances sont importantes. On peut se relaxer et mes parents disent que c'est amusant de passer du temps ensemble à l'étranger.
>
> L'année dernière nous sommes allés en Angleterre et c'était génial, mais il ne faisait pas beau. J'ai visité un musée d'art et un vieux château intéressant. Malheureusement, nous n'avons pas fait les magasins!
>
> Demain je vais en ville avec mes amis pour visiter le stade.
>
> Tu aimes aller en vacances?
>
> Luis

Answer the following questions in **English**.

(a) According to Luis, what was the weather like in England?

....

(b) What **two** places did he visit?

....

....

(c) Where is he going to visit tomorrow?

.... **(4 marks)**

Had a go ☐   Nearly there ☐   Nailed it! ☐   **About the exams**

Practice for Paper 3: Reading

Practise for the Reading tasks with this selection of exam-style questions.

Marie's plans

1 You read Marie's plans for the future.

> Je m'appelle Marie. Je vais bientôt avoir seize ans et j'ai commencé à penser à mon avenir. Puisque je suis forte en langues au lycée, j'ai toujours voulu travailler à l'étranger, mais je sais qu'il est difficile de trouver un bon emploi. Je suis travailleuse et je fais toujours de mon mieux, alors j'espère réussir dans la vie. J'ai trouvé un emploi dans un supermarché près de chez moi et je gagne un peu d'argent, mais à l'avenir, je voudrais devenir *infirmière* car j'adore aider les malades et j'aimerais travailler dans un hôpital.

Complete these sentences. Write the letter for the correct option in each box.

(a) Marie will soon be …

A	15.
B	16.
C	14.

(b) She has always wanted to …

A	be good at languages
B	work in a school.
C	work abroad.

(c) She describes herself as …

A	hard-working.
B	serious.
C	the best pupil in her school.

(d) She has found …

A	supermarket shopping hard.
B	a part-time job.
C	some money.

(e) Read the final sentence again. Which of these best describes the word *infirmière*?

A	a job
B	a hobby
C	a holiday

(5 marks)

A school trip

2 You read Louis' blog.

> Je viens de passer deux jours dans une grande ville dans le sud de la France avec ma classe de français. Après avoir fait des recherches sur l'histoire de la ville à la bibliothèque le matin, nous avons visité une vieille tour et un pont, avant de passer le premier après-midi sur la côte où nous avons étudié les causes du changement du climat. Le lendemain, j'ai visité dans un musée en ville, mais après, nous avons pu nous relaxer un peu. On est allés dans un parc où on a vu des animaux en liberté et le soir, on a chanté et dansé sur la plage. C'était vraiment super et je voudrais bien y retourner un jour.

Complete these sentences. Write the letter for the correct option in each box.

(a) On the first day Louis went first to …

A	an old tower.
B	a bridge.
C	the library.

(b) On the first afternoon, he …

A	studied climate change.
B	danced on the beach.
C	noticed a change in the weather.

Answer these questions in **English**.

(c) What did Louis do first on the second day? ....

(d) What was special about the animals in the park he visited? ....

(4 marks)

Practice for Paper 4: Writing

Had a go ☐ Nearly there ☐ Nailed it! ☐

Practise for the Writing tasks with this selection of exam-style questions.

Picture task

1 You and your Swiss friends are sharing photos on Snapchat. What is in this photo? Write **five** sentences in **French**.

   ....
   ....
   ....
   ....
   ....

(10 marks)

Your school

2 You are writing an article for a French magazine. Write a short description of your school. Write approximately **50** words in **French**. You must write something about each bullet point.

Mention:
- the school buildings
- your teachers
- your favourite subject
- the school meals
- the rules.

Write your answers to this question on your own paper.

(10 marks)

Grammar task

3 Using your knowledge of grammar, complete the following sentences in **French**. Choose the correct French word from the three options in the grid.

Write the correct **word** in the space.

(a) Mon école .... à huit heures trente.

(b) Mon frère .... dix ans.

(c) J'ai les cheveux ....

(d) Je vais .... collège en bus.

(e) Nous .... très contents.

commences	commence	commencent
a	avons	ont
noir	noires	noirs
au	aux	à la
suis	est	sommes

(5 marks)

Translation

4 Translate the following sentences into **French**.

I love my town. ....

My house is very big. ....

My sister plays football in the garden. ....

Last week I went to the shops with my brother.

....

They can go cycling on Saturday in the countryside.

....

(10 marks)

Had a go ☐   Nearly there ☐   Nailed it! ☐   **About the exams**

Practice for Paper 4: Writing

Practise for the Writing tasks with this selection of exam-style questions.

Writing about your holidays

1 You are emailing your French friend about your holidays.

   Write approximately **90** words in **French**. You must write something about each bullet point.

   Describe:
   • why holidays are important
   • how you spent your last holidays
   • where you will go this summer.

   ....
   ....
   ....
   ....
   ....
   ....   **(15 marks)**

Writing about technology

2 You are writing about technology for an online magazine.

   Write approximately **150** words in **French**. You must write something about both bullet points.

   Describe:
   • what technology you use
   • what you did last week online.

   > Write your answers to the longer Writing questions on your own paper.   **(25 marks)**

Translation

3 Translate the following sentences into **French**.

   I like going to school.

   ....
   ....

   It is important to work hard.

   ....
   ....

   I always do my homework in my bedroom before eating.

   ....
   ....

   Last week my friends and I went to the museum in town.

   ....
   ....

   I am going to study at university in the future because I want to find a very good job.

   ....
   ....   **(10 marks)**

Articles 1

> To say 'the' in French you use *le, la, l'* or *les* in front of the noun. Remember that in French every noun has a gender. Objects are either masculine (m) or feminine (f) and are singular or plural.

A Put in the correct word for 'the' (*le, la, l', les*) in front of these nouns. They are all places around a town.

Example: la banque (f)

1 .... magasins (pl)
2 .... maison (f)
3 .... toilettes (pl)
4 .... hôtel (m)
5 .... cinémas (pl)
6 .... musée (m)
7 .... gare (f)
8 .... pont (m)
9 .... rues (pl)
10 .... appartement (m)

> To say 'a' or 'an' in French, you use *un* or *une*, depending on whether the noun is masculine or feminine.

B Show that you understand when to put *un* or *une* in front of the following words.

1 .... frère (m)
2 .... famille (f)
3 .... sœur (f)
4 .... père (m)
5 .... tante (f)
6 .... mère (f)
7 .... oncle (m)
8 .... fils (m)

C Fill in the gaps in this table, paying attention to the articles: *un, une, des, le, la, l', les*.

Singular	Plural
	les chiens
un château	
l'animal	
	des voitures
le corps	
le bateau	
un hôtel	
l'arbre	les arbres
	des pages
	les eaux
une piscine	
	les villes

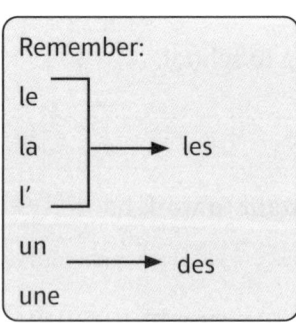

Remember:
le, la, l' → les
un, une → des

94

Had a go ☐   **Nearly there** ☐   **Nailed it!** ☐   Grammar

Articles 2

> If you want to say 'some' or 'any' in French, you use the partitive article *du, de la, des* or *de l'*, depending on the gender of the noun you are talking about.

A Put the correct word for 'some' in front of these nouns. Pay attention to the genders in brackets.

1 .... fromage (m)
2 .... eau (f)
3 .... frites (pl)
4 .... café (m)
5 .... légumes (pl)
6 .... pain (m)
7 .... glaces (pl)
8 .... viande (f)
9 .... poisson (m)
10 .... fruits (pl)

B Unfortunately, you have nothing left to eat or drink in the house. Using the example below, answer the following questions, then translate them into **English**.

e.g. Tu as du pain? *Je n'ai pas de pain.* 'I haven't any bread.'

> Always use *de ...* (or *d' ...*) on its own after a negative in French to say 'any'. There is no need to put *du, de la, de l'* or *des*.

> Watch out for some words that are singular in English but plural in French, e.g. fruit – *les fruits*.

1 Tu as des fruits? ....
2 Tu as du thé? ....
3 Tu as de l'eau? ....
4 Tu as de la viande? ....
5 Tu as du fromage? ....

C Fill in the gaps to show where you are going. Use *au, à l', à la* or *aux*.

1 Je vais .... gare. (f)
2 Je vais .... café. (m)
3 Je vais .... magasins. (pl)
4 Je vais .... piscine. (f)
5 Je vais .... banque. (f)
6 Je vais .... collège. (m)
7 Je vais .... hôpital. (m)
8 Je vais .... parcs. (pl)
9 Je vais .... école. (f)
10 Je vais .... marché. (m)

Grammar — Had a go ☐ Nearly there ☐ Nailed it! ☐

Adjectives

Adjectives are used to describe nouns. Remember that in French you need to ensure they have the correct endings, depending on whether the noun is masculine, feminine, singular or plural.

A Circle the correct form of the adjectives.

1 Ma mère est petit / petite.
2 Mon père est grand / grande.
3 Ma maison est beau / belle.
4 Mon chien est noir / noire.
5 Elle est heureux / heureuse.
6 Les fenêtres sont chère / chères.

B Using the adjectives in the box, complete the sentences below. Don't forget to change them to the feminine or plural form where necessary.

1 Mon chien est .... (big)
2 Mes stylos sont .... (white)
3 Ma mère est .... (hard working)
4 Mes frères sont .... (sporty)
5 Mes sœurs sont .... (sad)
6 Ma tante est très .... (pleasant)

grand
blanc
sportif
agréable
travailleur
triste

C Complete this table with all the different forms of the adjectives.

masc. sing.	fem. sing.	masc. plural	fem. plural	English
grand	grande		grandes	big / tall
	petite			
noir		noirs		
	nouvelle		nouvelles	
		derniers		last
juste		justes		
triste		tristes		sad
sérieux		sérieux		
	gentille		gentilles	kind
	active	actifs		
drôle		drôles		funny
	vieille		vieilles	old
	belle	beaux		
ancien		anciens		ancient
blanc		blancs		white
	sportive		sportives	

D Make sentences that use the adjectives in **C** above. Make sure they have the correct form and are in the correct position.

Example: J'ai deux boîtes (grand, noir) J'ai deux grandes boîtes noires.

1 Elle a des yeux (beau, bleu). ....
2 Les fleurs (meilleur, jaune). ....
3 Mes pantalons (vieux, blanc). ....
4 Mes parents (cher, malade). ....

Most adjectives come **after** the noun but some come **before**, e.g. *grand*.

Had a go ☐ **Nearly there** ☐ **Nailed it!** ☐ — Grammar

Possessives

A Do the four activities below on possessives.

> To say something is 'my', 'his', etc., you use a possessive adjective, e.g. *mon, ma, mes*.

1 Choose *mon, ma* or *mes* to fill in the gaps.

Dans ma famille, il y a .... père, ... mère, ... sœur et .... deux frères. .... grand-mère vient souvent nous chez nous avec .... grand-père. .... amie adore .... grands-parents.

2 Use *son / sa / ses* to fill in the gaps.

Dans .... chambre, elle a .... lit, ... livres, ... bureau, ... télévision, ... vêtements, ... portable et .... sac.

3 Use *notre / notre / nos* to translate 'our' or *votre / votre / vos* to translate 'your'.

Dans .... collège, nous avons .... professeurs, ... bibliothèque et, ... cour. Et vous, qu'est-ce que vous avez dans .... collège et dans .... salles de classe? Vous avez .... tableaux blancs et .... piscine?

4 Your teacher asks you questions about yourself. Insert the correct word for 'your'.

(a) Comment s'appellent .... père et .... mère?

(b) Qu'est-ce que tu achètes avec .... argent?

(c) C'est quand .... anniversaire?

(d) Qu'est-ce qu'il y a dans .... ville ou .... village?

5 How would you talk about what they have in **their** town?

Dans leur ville, ils ont .... hôtel, ... cinémas, ... synagogue, ... boulangerie, ... cafés, ... parcs, ... hôpital, ... école et tous .... petits magasins.

B How many grammatically correct but silly sentences can you make from this table?

mon / ma / mes	fromage	est	très	bleu(e)(s)
ton / ta / tes	amies	n'est pas	assez	triste(s)
son / sa / ses	vélo	sont		moderne(s)
notre / nos	gâteaux	ne sont pas		grand(e)(s)
votre / vos	football			agréable(s)
leur / leurs	photos			juste(s)

....

....

....

....

....

....

....

Grammar Had a go ☐ Nearly there ☐ Nailed it! ☐

Comparisons

> Use the comparative form of the adjective to say 'more than' or 'less than':
> *plus* + adjective + *que* or *moins* + adjective + *que*
> Use the superlative form of the adjective to say 'the most' or 'the least':
> *le / la / les* + *plus / moins* + adjective
> The adjective ending must agree with the noun it refers to.

A Work out who is the biggest and the smallest: Marie, Lucie or Sofiane.

Marie est grande.

Marie est plus grande que Sofiane.

Sofiane est moins grand que Lucie.

Lucie est plus grande que Marie.

Sofiane n'est pass aussi grand que Marie.

Qui est le / la plus grand(e)? ....

Qui est le / la moins grand(e)? ....

B Using the grades below, make up four sentences about how these students compare in each subject.

Example: En anglais, Anna est meilleure qu'Antoine.

	Antoine	Anna
Anglais	3	6
Français	7	4
Histoire	4	2
Technologie	6	9

C Put each of these sentences in the correct order, then translate them.

Example: est que courte plus jupe Ma jupe ta   Ma jupe est plus courte que ta jupe.
   My skirt is shorter than your skirt.

1 aussi est Sara grand Philippe que ....

2 maths que plus musique Les difficiles sont la ....

3 Les moins sont les saines fruits frites que ....

4 Une est moins un confortable cravate qu' pantalon ....

5 l' science que est intéressante aussi anglais La ....

Had a go ☐ Nearly there ☐ Nailed it! ☐   **Grammar**

Other adjectives and pronouns

A Put the correct word in each gap: *ce*, *cette*, *cet* or *ces*.

1 .... chambre
2 .... pantalon
3 .... banque
4 .... sacs
5 .... chien
6 .... piscine
7 .... amis
8 .... hôtel
9 .... maison
10 .... hôpital

> *ce* = this (m)
> *cet* = this (in front of a masculine noun beginning with a vowel)
> *cette* = this (f)
> *ces* = these (pl)

B Select the correct form of the interrogative adjective 'which' (*quel*, *quelle*, *quels* or *quelles*) for each question.

1 .... est ta matière préférée?
2 .... montagne est la plus haute du monde?
3 .... temps fait-il aujourd'hui?
4 Ils ont écouté .... chanteur ce soir?
5 .... viandes mangez-vous?
6 .... garçons est-ce que tu vois?
7 .... livre préfères-tu?
8 Ta sœur doit faire .... devoirs?

C Select the correct form of either the indefinite adjective *autre* (other) or *quelque* (some) to complete each sentence.

> autre (m)   quelque (m)
> autre (f)   quelque (f)
> autres (mpl)   quelques (mpl)
> autres (fpl)   quelques (fpl)

> Indefinite adjectives also need to agree with the noun they describe.

1 Il lisait le livre pendant .... temps.
2 Je voudrais recevoir .... cadeaux chers pour mon anniversaire.
3 Mon .... voiture est noire et très vieille.
4 Son .... sœur va au lycée avec son voisin.
5 Attention! Il est facile de parler en ligne avec .... personne qu'on ne connaît pas.
6 J'ai acheté d'.............. vêtements dans le magasin.
7 Sa mère a mangé .... frites avant de sortir.
8 Je n'aime que les maths et le français, mais mon ami préfère les .... matières.

Grammar

Had a go ☐ **Nearly there** ☐ **Nailed it!** ☐

Adverbs

Adverbs are used to describe the verb. In French a lot of adverbs end in *-ment*.

A Form adverbs from these adjectives.

1 heureux ....
2 extrême ....
3 probable ....
4 vrai ....
5 certain ....
6 complet ....

B Underline all the adverbs in this paragraph, then translate it. Use the English translations in the box if you are stuck.

first	in the future
often	normally
then	next
finally	so

Le matin, <u>d'abord</u>, je me lève à sept heures, puis normalement je prends mon petit déjeuner. Ensuite, je quitte la maison et finalement j'arrive au collège à huit heures et demie. Mais c'est souvent trop tôt. Alors, à l'avenir, je vais rester au lit plus longtemps.

In the morning, ...
....
....

C Fill in the gaps in this passage by choosing the best adverb from the box. The first letter of the adverb has been given for you. There are more adverbs than you need and you can use an adverb more than once.

Généralement je vais en France avec mes parents et mon petit frère pour les grandes vacances. S.................... mes grands-parents viennent avec nous, et c'est v.................... pratique car ils font r.................... du baby-sitting. Cependant, p...................., ils se sentent v.................... fatigués et ils ne sont pas t.................... à l'aise, d.................... ils ne viendront pas l'année prochaine. À l'avenir, ils viendront s.................... s'ils sont a.................... en forme!

absolument
d'abord
parfois
~~généralement~~
donc
régulièrement
sans doute
seulement
souvent
toujours
vraiment

D Write four sentences of your own with at least one adverb in each.

....
....
....
....

Had a go ☐ **Nearly there** ☐ **Nailed it!** ☐

Grammar

Object pronouns

> Direct object pronouns are words like 'it', 'me', 'him', 'us', etc. You use them when you don't want to keep repeating a noun or a name.

A Translate these sentences.

Example: Il me regarde. He watches me.

1 Nous te voyons. ....
2 Tu le connais? ....
3 Je veux la voir. ....
4 Vous nous rencontrez. ....
5 Elle vous oubliera. ....
6 Je les perdrai. ....

> You use **indirect** object pronouns to replace a noun that has *à* (*au*, *aux*, etc.) in front of it.

B Translate the following sentences. Notice that in English we sometimes omit the 'to'.

Example: Il me donne un billet. He gives me a ticket. / He gives a ticket to me.

1 Je te passe mes livres. ....
2 Ne lui parle pas. ....
3 Nous lui offrirons un portable. ....
4 Il va nous envoyer un cadeau. ....
5 Tu leur raconteras l'histoire. ....

> Translate *lui* as 'him' and 'her', and *leur* as 'them'.

C Put the words in the correct order to answer the question.

Example: Tu aimes les animaux?   je beaucoup aime les Oui   Oui, je les aime beaucoup.

1 Vous comprenez le professeur?   le souvent comprenons Nous
....

2 Elle aime les sports d'hiver?   pas aime Elle ne du tout les
....

3 Tu vas vendre ton vélo?   vendre vais le Oui je demain
....

4 Il veut acheter la maison?   veut pas il acheter ne Non l'
....

> In the perfect tense, the pronoun comes before the auxiliary verb (*avoir* or *être*). The past participle needs to agree with the object pronoun, so if the object is feminine or plural, the past participle must end in -e, -s or -es. *Je les ai acheté(e)s* – I bought them.

D Replace the underlined noun with a pronoun and move it to the correct position in the sentence.

Example: J'ai mangé <u>le gâteau</u>.   Je l'ai mangé.

1 Il cherche <u>les sacs</u>. ....
2 Nous envoyons un cadeau à <u>Jeanne</u>. ....
3 Il a donné des bonbons aux <u>enfants</u>. ....
4 Tu as téléphoné à <u>tes amis</u>? ....

More pronouns: y and en

You use *y* to refer to a place that has already been mentioned. It often means 'there': *Il adore Paris. Il **y** est allé hier.* You also use it with verbs that take *à*.

A Replace the nouns with the pronoun *y*.

Example: Tu vas au cinéma ce soir? Tu y vas ce soir?

1 Il va habiter **au Canada**. ....

2 Elle a vu ses amis **en France**. ....

3 Vous jouez **au football**? ....

4 Je suis arrivé **au collège** avant les autres. ....

5 Tu es allée **au travail** ce matin? ....

You use *en* to replace a noun. It often means 'of it', 'of them' or 'some': *J'aime le chocolat. J'en mange beaucoup.*

B Unjumble these sentences with *en* in order to answer the questions.

Example: Tu as de l'argent?   ai j' Oui en   Oui j'en ai

1 Tu fais beaucoup de sport?   en beaucoup J' fais

....

2 Elle fait du vélo?   pas en fait n' Elle

....

3 Vous avez deux frères?   trois ai Non en j'

....

4 Ils mangent du pain tous les jours?   les en samedis Ils tous mangent

....

5 Il y a des chaises dans la cuisine?   y en Il a plusieurs

....

C Replace the nouns in brackets with either *y* or *en*.

1 Je vais (au restaurant) de temps en temps.

> Using pronouns makes your work more interesting and for your GCSE, if you are aiming for Higher grades, you should try to use them.

....

2 J'adore les fruits et je mange beaucoup (de fruits).

....

3 J'aime les gâteaux mais je ne mange jamais (de gâteau) parce que c'est mauvais pour la santé.

....

4 Je suis allé (au théâtre) la semaine dernière, avec mon frère.

....

5 On va au concert ce soir. Tu veux aller (au concert)?

....

6 Moi, j'adore le poulet, mais mon frère ne mange pas (de poulet) parce qu'il est végétarien.

....

Other pronouns

> Relative pronouns are used when you want to link statements together to avoid repetition and to make your French more fluent.

A Fill in the gaps with *qui* (followed by a verb), or *que / qu'* (followed by a subject / person).

Qui means 'which', 'who' or 'that' and replaces the subject in a sentence.
Que means 'whom', 'which' or 'that' and replaces the object in the sentence.

Example: C'est le bruit que je n'aime pas.

1 Le repas .... j'ai pris était excellent.

2 C'est Claude .... est le plus beau.

3 Ce sont mes parents .... adorent la viande.

4 Voilà le stylo .... il a perdu.

5 Où sont les sacs .... sont bleus?

6 L'église .... j'ai visitée était vieille.

7 L'homme .... monte dans le train est petit.

8 Ma copine .... s'appelle Mathilde a seize ans.

9 Quel est le film .... tu veux voir?

B Which would you use: *y, en, où, qui* or *que*? Insert the correct pronoun and translate the sentences into English.

1 Le repas .... nous avons mangé était excellent.

....

2 Les frites? J'...................... ai mangé beaucoup.

....

3 Le café .... je vais le samedi est fermé.

....

4 Le cinéma Gaumont? J'...................... suis allée pour voir 'Les Minions'.

....

Grammar — Present tense: -er verbs

Had a go ☐ Nearly there ☐ Nailed it! ☐

A Give the *je*, *nous* and *ils* forms of each of these verbs.

Verb	je (j')	nous	ils
aimer	j'aime	nous aimons	ils aiment
jouer			
habiter			
regarder			
donner			
inviter			
marcher			
trouver			
voler			
parler			

B Use the verbs above to write how you would say:

Example: he likes il aime

1 you (pl) speak ....
2 she invites ....
3 you (s) live ....
4 we find ....
5 he looks at ....
6 you (pl) walk ....
7 you (s) give ....
8 she steals ....
9 he plays ....
10 they look at ....

Although the verbs below are *-er* verbs, they are slightly irregular in that the spelling often changes. For example, *manger* becomes *mangeons* in the *nous* form.

C Put the verbs in brackets in the correct form and watch out for the spelling.

-ger verbs

1 ils (ranger) ....
2 nous (télécharger) ....
3 nous (nager) ....
4 je (manger) ....

-ler / *-ter* verbs

1 je (s'appeler) ....
2 ils (jeter) ....
3 nous (se rappeler) ....
4 elle (s'appeler) ....

-yer verbs

5 tu (envoyer) ....
6 vous (payer) ....
7 j' (essayer) ....
8 nous (nettoyer) ....

acheter-type verbs

5 tu (acheter) ....
6 elles (préférer) ....
7 vous (se lever) ....
8 il (acheter) ....

D Fill in the correct part of the verb in these questions and translate them.

Example: Tu (parler) français? Tu parles français? Do you speak French?

1 Ils (habiter) en France? ....
2 Marie (ranger) sa chambre? ....
3 Vous (préférer) la science? ....
4 Les sœurs (jeter) les fruits? ....
5 Mon copain et moi (acheter) des frites? ....

Had a go ☐ Nearly there ☐ Nailed it! ☐

Grammar

Present tense: *-ir* and *-re* verbs

-ir and *-re* verbs are another set of verbs that follow a regular pattern. It is important to learn the most common verbs.

A What do these *-ir* verbs mean? Match the French to the English.

finir	to warn
prévenir	to succeed
remplir	to think about
réagir	to obtain
réussir	to finish
obtenir	to act
choisir	to fill
réfléchir	to choose

Remember, both *-ir* and *-re* verbs can be either regular or irregular. Be careful to learn how each group behaves. On this page, the **irregular** verbs have stars. Keep them separate in your vocabulary lists to help you remember which is which.

B Fill in the gaps in this table. (The verbs are irregular.)

	dormir*	sortir*
je		sors
tu	dors	
il / elle		sort
nous		
vous		sortez
ils / elles	dorment	

C Put the correct ending on these *-ir* verbs to make them match their subjects.

Example: Ils (réussir) à trouver le château. *Ils réussissent à trouver le château.*

1 L'ami (choisir) un cadeau. ....
2 Vous (courir*) aux magasins. ....
3 Nous (finir) nos devoirs. ....
4 Je (remplir) le verre de vin. ....

Be careful: many of the regular *-ir* verbs, such as *choisir* and *finir*, add *-is, -is, -it, -issons, -issez, -issent*.

D Complete the table below.

	vendre	prendre*	traduire*
je			
tu	vends		
il / elle			
nous		prenons	traduisons
vous		prenez	
ils / elles	vendent		

E Give the correct present tense form of the verb in brackets.

1 nous (vendre) ....
2 ils (répondre) ....
3 je (descendre) ....
4 tu (prendre*) ....
5 vous (boire*) ....
6 elle (lire*) ....
7 je (traduire) ....
8 il (comprendre*) ....

Grammar

Had a go ☐ Nearly there ☐ Nailed it! ☐

Avoir and *être*

A Give the correct part of *avoir* in these sentences.

Example: Tu as un frère?

1 Elle .... un ami.
2 J'............... les cheveux blonds.
3 Ils .... une grande maison.
4 Il .... onze ans.
5 Nous .... un petit appartement.
6 Vous .... un beau chien.
7 Ma sœur .... une jupe rouge.
8 Les filles .... un problème.
9 Tu .... deux livres.
10 Vous .... une nouvelle maison.

B Translate the following sentences into **French**.

Example: We have a house in Paris.   Nous avons une maison à Paris.

1 They have three dogs. ....
2 Do you (s) have a sister? ....
3 She has black hair. ....
4 We have a big kitchen. ....
5 I have three children. ....
6 I am sixteen years old. ....
7 He has a car. ....

C Fill in the gaps with the correct part of *être*.

Example: Il est très amusant.

1 Je .... français.
2 Nous .... paresseux.
3 Ma tante .... assez petite.
4 Vous .... sportif mais timide.
5 Mes yeux .... bleus.
6 Tu .... content?
7 Les chiens .... grands.
8 Je .... au chômage.
9 Nous .... canadiens.
10 Il .... agréable.

D Write six sentences using *être* or *avoir* and words from the grid below.

Je	maison	noirs	petit
Tu	yeux	bleu	professeur
L'homme	grand	amusant	court
Nos chiens	canadiens	cheveux	stylo
Vos parents	rouge	voiture	marron
Les filles	triste	long	gros

....
....
....
....
....
....

> Remember, when you are using the verb *être* you need to make sure the adjective agrees with the noun!

Had a go ☐   Nearly there ☐   Nailed it! ☐

Reflexive verbs

A Add the correct reflexive pronoun.

1 Je .... lève.

2 Tu .... relaxes.

3 Il .... demande.

4 Elles .... appellent.

> se relaxer – to relax
> Je me relaxe
> Tu te relaxes
> Il / elle / on se relaxe
> Nous nous relaxons
> Vous vous relaxez
> Ils / elles se relaxent

B Write the correct perfect tense of each verb.

Example: Je (se trouver) *Je me suis trouvé(e)*

1 Je (se coucher).

....

2 Elle (se marier).

....

3 Nous (se lever) à huit heures.

....

4 Il (se demander) pourquoi.

....

5 Ils (se ressembler).

....

C Match up the French and English.

1 On se dispute	A They relax
2 Ils se relaxent	B It takes place
3 Je m'entends	C We get up
4 Il se passe	D I get on
5 Je m'intéresse	E Your name is
6 Nous nous levons	F We argue
7 Tu t'appelles	G I wonder
8 Je me demande	H I'm interested

Other important verbs

The verbs *devoir* (to have to / must), *pouvoir* (to be able to / can), *vouloir* (to want to) and *savoir* (to know) are known as **modal verbs**.

A Complete this table with the correct part of the modal verb.

	devoir	pouvoir	vouloir	savoir
je	dois			sais
tu		peux		
il / elle / on			veut	
nous	devons			savons
vous			voulez	
ils / elles		peuvent		

B Rearrange the words to make correct sentences.

Example: la dois prendre Je première rue *Je dois prendre la première rue.*

1 mon -vous Pouvez père aider? ....

2 nager -tu Sais? ....

3 maison acheter parents une veulent Mes nouvelle ....

....

4 faire devoirs ses On toujours doit ....

5 moi avec ce Voulez danser soir -vous? ....

6 sait écrire lire Elle et déjà ....

C Change the verb to match the new subject given in italics.

Example: Il doit travailler dur et moi aussi, *je* dois travailler dur.

1 Elle veut trouver une chambre et nous aussi, *nous* ....

2 Les élèves peuvent emprunter un vélo et toi aussi, *tu* ....

3 Le professeur doit tout écrire et vous aussi, *vous* ....

4 Elle sait faire la cuisine, et eux aussi, *ils* ....

5 Je peux faire du vélo et elles aussi, *elles* ....

6 Il ne peut jamais comprendre les règles et vous non plus, *vous* ....

7 Nous savons préparer le dîner et moi aussi, *je* ....

D Make up six sentences about school from this table.

	(ne) doit (pas)	manger en classe.
		porter ses propres vêtements.
	(ne) peut (pas)	courir dans l'école.
On		répondre aux professeurs.
	(ne) veut (pas)	dormir en classe.
		jeter les livres en classe.
	(ne) sait (pas)	parler aux autres élèves.
		envoyer des textes.

Had a go ☐ Nearly there ☐ Nailed it! ☐   **Grammar**

Perfect tense 1

> You use the perfect tense to talk about single events in the past. It is formed by using the present tense of *avoir* + past participle.

A Create your own sentences using a word or words from each column.

J'ai	fini	le gâteau
Tu as	détesté	le bateau
Il a	vendu	les devoirs
Elle a	regardé	l'argent
Nous avons	lavé	la maison
Vous avez	attendu	l'autobus
Ils ont	choisi	les chiens
Elles ont	perdu	le pain

....
....
....
....
....
....
....
....

B Add the correct part of *avoir* to complete these sentences.

Example: Samedi soir, j'*ai* regardé la télé.

1 Elle .... invité sa copine au match.
2 Vous .... fini le repas?
3 Ils .... travaillé au collège.
4 Il .... beaucoup neigé ce matin.
5 Tu n'............... pas mangé de légumes?
6 Nous .... choisi un bon restaurant.
7 Elle n'............... pas oublié son livre.
8 Ils .... attendu à l'aéroport.
9 J'............... visité le musée.
10 Nous n'............... pas entendu le bruit.

C Did you notice the position of the *ne ... pas* in exercise B to say that they did **not** do something? Using the table in exercise A to help you, how would you say the following?

Example: You (s) did not sell the house. Tu n'as pas vendu la maison.

1 We did not lose the money. ....
2 They did not wash the bus. ....
3 You (pl) did not wait for the dogs. ....
4 I did not finish the bread. ....
5 She did not sell the boat. ....
6 He did not hate the homework. ....

D Revise the irregular past participles, then fill in the gaps in these sentences.

Example: Il a vu la voiture. (voir)

1 J'ai .... le livre sur la table. (mettre)
2 Elle a .... à son frère. (écrire)
3 Tu n'as rien .... au collège? (faire)
4 Il n'a pas .... ma lettre. (recevoir)
5 Nous avons .... acheter une voiture. (pouvoir)

E Complete these sentences with the correct part of *avoir* and the past participle of the verb given.

1 J'............... la situation. (comprendre)
2 Il .... un chien. (voir)
3 Tu .... un bus à la gare ? (prendre)
4 Qu'est-ce que tu ....? (faire)

Grammar

Had a go ☐ Nearly there ☐ Nailed it! ☐

Perfect tense 2

> The perfect tense can also be formed using the verb *être* + past participle, when the verb is reflexive and with 14 verbs of movement.

A Add the correct part of the verb *être* to complete these sentences.

Example: Tu *es* né en 2010?

1 Elle .... tombée.
2 Mes copains .... arrivés trop tard.
3 Les chats .... montés sur la table.
4 Marie n'............... pas descendue vite.
5 Emma .... allée à la piscine.
6 Vous .... retournés en France?
7 Je ne .... pas parti tôt.
8 Elles .... entrées dans la maison.

B Make the past participle match the subject of these *être* verbs, by adding agreements (-, *-e*, *-s*, *-es*) to those that need it.

Example: Mes cousines sont rest*ées* à l'hôtel.

1 Élise est arrivé .... à 11 heures.
2 Il est allé .... au collège.
3 Nous sommes entré ...., tous les garçons, dans le magasin.
4 Marie n'est rentré .... qu'à minuit.
5 Mes stylos ne sont pas tombé ....
6 Il est sorti .... avec sa sœur.

C Complete the sentences.

Example: Je suis allé au collège et elle aussi, elle *est allée au collège.*

1 Tu es monté très vite et les filles aussi, elles ....
2 Les hommes sont arrivés et moi aussi, je ....
(H ONLY) 3 Nous ne sommes pas tombés et eux non plus, ils ....
4 Il est allé en ville et sa sœur aussi, elle ....

D Complete this table to show a reflexive verb in the perfect tense.

je	me	suis	lavé
tu		es	
il			
elle			lavée
nous		sommes	
vous			
ils	se		lavés
elles			

Reflexive pronouns:
me   nous
te   vous
se   se

E Form the perfect tense of these reflexive verbs.

Example: Je (se demander) pourquoi. *Je me suis demandé(e) pourquoi.*

1 Ils (se lever) à 7 heures. ....
2 Je (s'entendre) bien avec mon frère. ....
3 Elles (s'intéresser) à l'histoire. ....
(H ONLY) 4 Elle (se reposer) sur la plage. ....

Had a go ☐ **Nearly there** ☐ **Nailed it!** ☐   **Grammar**

Imperfect tense

The imperfect is another tense that you use to talk about the past. You use it to describe what happened over a period of time, what something was like and ongoing actions that were interrupted.

A Give the imperfect (*je*, *nous* and *ils* forms) of these verbs.

1 jouer	je jouais	nous jouions	ils jouaient
2 finir	je finissais	nous finissions	ils finissaient
3 perdre	....	....	....
4 avoir	....	....	....
5 être	....	....	....
6 boire	....	....	....
7 aller	....	....	....
8 partir	....	....	....
9 faire	....	....	....
10 lire	....	....	....
11 savoir	....	....	....
12 prendre	....	....	....

B Change the ending of the imperfect tense to match the new subject.

Example: Il fumait et nous aussi, nous fumions.

1 J'attendais et elle aussi, elle ....

2 Vous écriviez et eux aussi, ils ....

3 Tu dormais et le chien aussi, il ....

4 Mes parents regardaient et moi aussi, je ....

5 Mon ami était content et mes sœurs aussi, elles ....

> All verbs except *être* are regular in the imperfect tense.
> **1** Take the *nous* form of the present tense and take off the *-ons* ending: *nous habit(ons)*.
> **2** Add the imperfect endings:
> j'habitais   nous habitions
> tu habitais   vous habitiez
> il / elle   ils / elles
> habitait   habitaient

C Put the verbs into the imperfect tense, then translate the sentences.

Example: Tu visitais beaucoup de monuments. (visiter)

You used to visit lots of monuments.

1 Je .... avec mon petit frère sur la plage. (jouer) ....

2 Nous .... très souvent ensemble. (manger) ....

3 Il .... dans l'école. (travailler) ....

4 On .... beaucoup de glaces. (vendre) ....

5 Ils .... du vélo. (faire) ....

6 Tu .... très content. (être) ....

D When you are talking or writing about the past, you often need to use a mixture of perfect tense and imperfect tense verbs. Put the following verbs in the correct past tense.

J'(aller) au collège quand j'(voir) mon ami. Il y (avoir) beaucoup de gens. J'(dire) « Bonjour ».

....

Grammar Had a go ☐ Nearly there ☐ Nailed it! ☐

Future tense

> The **near future** is used to say what is going to happen. It is formed using *aller* + infinitive.

A Use the correct part of *aller* to say what you are going to do in the near future and say what these sentences mean.

Example: Je vais regarder un film. I am going to watch a film.

1 Il .... sortir ce soir. ....
2 Nous .... vendre la maison. ....
3 Vous .... bientôt comprendre. ....
4 Tu .... partir en vacances. ....
5 Ma mère .... voir un concert. ....
6 Les garçons .... arriver en retard. ....

B Unjumble these sentences in the near future tense.

Example: ta Je à question vais répondre Je vais répondre à ta question.

1 aller allons en Nous ville demain ....
2 partir Quand vas-tu? ....
3 vont leurs Ils devoirs faire ....
4 tennis allez au jouer Vous? ....
5 Théo cuisine faire la va ....
6 aider Ses vont sœurs ....

> The **future** is used to say what you **will** do. To form the future, add the future endings to the infinitive of the verb: *-ai, -as, -a, -ons, -ez, -ont*.

C Say what everyone will do at the weekend. Put the verb into the future tense. **H ONLY**

Example: Je mangerai le petit-déjeuner. (manger)

1 Il .... sa nouvelle voiture. (acheter)
2 Tu .... ton amie à manger. (inviter)
3 Je .... mes devoirs. (faire)
4 Vous .... le bus. (manquer)
5 Elle .... chez sa tante. (aller)
6 Ils .... en France. (arriver)
7 Elles .... beaucoup. (parler)
8 Je .... très contente demain. (être)

D Now try these irregular verbs. Check you know the irregular stem. **H ONLY**

Example: tu (faire) tu feras

1 il (avoir) ....
2 je (aller) ....
3 je (faire) ....
4 elle (être) ....
5 tu (avoir) ....
6 elle (faire) ....
7 tu (être) ....
8 il (aller) ....

E Now translate all of exercise D into **English**. **H ONLY**

Example: You will do

1 ....
2 ....
3 ....
4 ....
5 ....
6 ....
7 ....
8 ....

Had a go ☐ Nearly there ☐ Nailed it! ☐   **Grammar**

Conditional tense

The conditional is used to say what you **would** do. It is formed like the future but has different endings. The conditional endings are: *-ais, -ais, -ait, -ions, -iez, -aient*.

For Foundation level, you only need to know *Je voudrais*; *Tu voudrais* and; *Il / Elle / On voudrait*.

You also need these forms at Higher level, plus *je*, *tu* and *il / elle / on* forms of *aller*, *avoir*, *etre* and *faire*, and all forms of *-er* verbs.

A Complete the gaps in this table.

	vouloir
je	
tu	
il / elle	

aller	avoir	être	faire	-er verbs (e.g. jouer)
irais				
		serais		jouerais
	aurait		ferait	

Remember, for Higher tier you will also need to know the *nous*, *vous* and *ils / elles* forms of *-er* verbs.

B What would these people do if they won the lottery? Add the correct part of the verb in brackets and say what the sentence means in **English**.

Example: J'irais en vacances avec ma famille. (aller)

I would go on holiday with my family.

1 Ma mère .... une belle maison. (habiter) ....

2 Vous ne .... plus. (travailler) ....

3 Nous .... beaucoup de pays. (visiter) ....

4 Il .... de l'argent aux autres. (donner) ....

5 .... -tu mettre de l'argent à la banque? (vouloir) ....

6 J' .... une nouvelle voiture. (acheter) ....

C Complete these sentences using the conditional of the verb in brackets. They all have irregular stems, but they keep the same endings as above.

Example: Il ferait une sortie. (faire)

1 Il .... beaucoup d'amis. (avoir)

2 Est-ce que tu .... de la natation? (faire)

3 Je .... très riche. (être)

4 Elle .... en France. (aller)

D Write four *si* sentences of your own, using either the future or conditional tense.

Be careful with 'if' clauses!

....

....

si + present tense + future tense:
*Si tu y **vas**, moi aussi j'**irai**.*
If you go, I will go too.

....

....

....

si + imperfect tense + conditional:
*Si tu **mangeais** bien, tu n'**aurais** pas faim.*
If you ate well, you wouldn't be hungry.

....

Grammar — Had a go ☐ Nearly there ☐ Nailed it! ☐

Negatives

A Match the French to the English translations.

French	English
ne … pas	neither … nor
ne … jamais	not any, none
ne … rien	not yet
ne … personne	no longer, no more
ne … aucun	never
ne … que	nothing, not anything
ne … ni … ni …	not
ne … pas encore	only
ne … plus	nobody, not anybody

(ne … jamais is matched to *never*)

B Translate these sentences.

Example: Il ne parle pas de sa famille.   He doesn't talk about his family.

1 Tu ne vois personne ....
2 Je ne mangerai plus de viande. ....
3 Il n'est jamais arrivé. ....
4 Ils n'ont rien trouvé. ....
5 Je n'envoie aucun e-mail. ....
6 Elle ne fait que deux heures par mois. ....
7 Il ne retournera plus jamais en France. ....

C Rearrange the words to make correct sentences.

Example: n' personne vu Je ai   Je n'ai vu personne

1 ai aucun n' Je problème ....
2 ne jamais au Il va musée ....
3 Elles pas contentes ne sont ....
4 n' rien Il bu a ....
5 vais ne acheter pas Je de viande ....

D Make these sentences negative by inserting the given words. Remember that *du, de la, de l', des, un* and *une* all change to *de (d')* and mean 'any' if they appear after the negative.

Example: Je vois un chien dans la rue (ne … pas)   Je ne vois pas de chien dans la rue

1 Nous mangerons des légumes (ne … plus) ....
2 Elle a dit bonjour (ne … jamais) ....
3 Tu rencontres deux amies en ville (ne … que) ....
4 Il a compris (ne … rien) ....

Had a go ☐ **Nearly there** ☐ **Nailed it!** ☐ *Grammar*

Perfect infinitive and present participle

A Give the perfect infinitive of the following verbs.

Example: manger *avoir mangé*

1 faire .... 4 mettre ....
2 jouer .... 5 vouloir ....
3 finir .... 6 écrire ....

B Match up the French and the English.

1 Après avoir joué au foot	A After having eaten
2 Après avoir mangé	B After having done my homework
3 Après avoir pris le train	C After having drunk a coffee
4 Après avoir fait mes devoirs	D After having read a book
5 Après avoir lu un livre	E After having taken the train
6 Après avoir bu un café	F After having played football

C Translate these sentences into French.

1 After having chosen the vegetables, she prepared a meal. ....
2 After having eaten, he went to the cinema. ....
3 After chatting to his friends, he went home. ....
4 After having lost her keys, she went to look for her bag. ....

D Translate these sentences into French.

1 Before doing her homework, she downloaded some music. ....
2 Before returning, he bought a map. ....
3 Before leaving, he danced. ....
4 Before going out, he closed his door. ....

E Put these infinitives into the present participle.

1 finir .... 6 faire ....
2 acheter .... 7 prendre ....
3 aller .... 8 avoir ....
4 dire .... 9 partir ....
5 manger .... 10 venir ....

F Complete the sentences by changing the verb in brackets into the present participle.

1 J'ai lu un livre en (écouter) de la musique. ....
2 Elle lui a expliqué la situation en (rire). ....
3 Nous avons réussi en (travailler) beaucoup. ....
4 Ils sont entrés dans la maison en (courir). ....
5 Ma mère a bu de l'eau en (regarder) la télé. ....

Grammar

Had a go ☐ Nearly there ☐ Nailed it! ☐

Passive

A Match up the correct English and French.

1 La lettre a été écrite par mon grand-père.	A The meals are made by my father.
2 Les repas sont faits par mon père.	B The money was given by my aunt.
3 Les animaux ne sont pas acceptés.	C The film was watched by everyone.
4 L'argent a été donné par ma tante.	D The emails will be sent tomorrow.
5 Le film a été regardé par tout le monde.	E The letter was written by my grandfather.
6 Les e-mails seront envoyés demain.	F Pets are not accepted.

> When using the passive, you will often need to include *par*, meaning 'by'…

B Translate the following into English.

1 Les hommes étaient invités à la fête.

....

2 Je suis toujours aidé par mes professeurs.

....

3 Mon appartement a été vendu.

....

4 Les livres ont été achetés.

....

5 L'histoire était écrite.

....

C Translate the following into French.

1 The house will be sold.

....

2 The door has been opened.

....

3 The fruit has been eaten.

....

4 The dogs are loved.

....

5 The drinks are ordered.

....

> Remember that the past participle agrees with the subject when the passive is used.

Had a go ☐ **Nearly there** ☐ **Nailed it!** ☐ — Grammar

Questions

> In French you can make something a question by raising your voice at the end of a sentence. However, if you are aiming for a Higher grade you need to use question words.

A Make these sentences into questions by using *est-ce que*.

Example: Tu manges des frites.   Est-ce que tu manges des frites?

1 Il peut venir lundi. ....
2 Vous avez une carte de la ville. ....
3 Les élèves ont fini leurs devoirs. ....
4 Elle veut aller en ville. ....
5 Vous êtes professeur. ....
6 Nous allons arriver au collège à huit heures. ....

B Find the five pairs of questions that mean the same.

1 Est-ce que tu aimes le français?   A Fait-il du français le mardi?
2 Est-ce qu'elle est française?   B As-tu français le mardi?
3 Est-ce qu'il adore le français?   C Aimes-tu le français?
4 Est-ce que tu as français le mardi?   D Est-elle française?
5 Est-ce qu'il fait du français le mardi?   E Adore-t-il le français?

C Match the question word with the rest of the sentence.

1 Qu'   A es-tu venu?
2 Combien de   B est-ce que tu aimes faire?
3 Où   C est-ce que tu vas aider les pauvres?
4 Comment   D habites-tu?
5 Pourquoi   E préférez-vous voyager en France? En train?
6 À quelle heure   F parles-tu français?
7 Depuis quand (H only)   G est-ce que tu te lèves le matin?
8 Quand   H personnes habitent à Paris?

D Imagine you get the chance to interview your favourite celebrity. Prepare a list of six questions to ask them in French.

....
....
....
....
....

Paper 1: Listening (Foundation)

AQA publishes official Sample Assessment Material on its website. This test has been written to help you practise what you have learned across the four skills and may not be representative of a real exam paper.

Messages

You receive these voice messages.

A	Best friend	D	Weather
B	Home town	E	House
C	Hobbies	F	School

What is each message about?

Write the correct letter in each box.

1. ☐
2. ☐
3. ☐
4. ☐

(4 marks)

Holidays

You hear this conversation about holidays.

A	Weather	D	Activities
B	Transport	E	Friends
C	Accommodation	F	Family

For each question, which aspects of holidays are mentioned?

Write the correct letters in the boxes.

5. ☐ ☐
6. ☐ ☐

(4 marks)

The internet

You hear these comments about the internet in a podcast.

A	Watching films	D	Sending emails
B	Downloading music	E	Finding directions
C	Social media sites	F	Playing games

What is each comment about?

Write the correct letter in each box.

7. ☐
8. ☐
9. ☐
10. ☐

(4 marks)

Had a go ☐ Nearly there ☐ Nailed it! ☐

Practice papers

Local area

You hear some French teenagers talking about their local area.

What is the opinion of the teenagers on the following aspects?

Write **P** for a **positive** opinion
N for a **negative** opinion
P+N for a **positive** and **negative** opinion.

11 Shopping ☐

12 Town centre ☐

13 Activities for young people ☐

14 Sports facilities ☐ **(4 marks)**

Future plans

You hear Marc and Lucas talking about their futures.

15 What will Marc do? Give **two** details in **English**.

.... **(2 marks)**

16 What will Lucas do?

A	Go on holiday
B	Start an apprenticeship
C	Buy a car
D	Find a part-time job

Write the **two** correct letters in the boxes.

☐ ☐ **(2 marks)**

Life in Morocco

You hear this programme about life in Morocco. Complete the sentences in **English**.

Answer both parts of question 17.
17.1 In summer Louise spends time ....
17.2 She doesn't like .... **(2 marks)**

Answer both parts of question 18.
18.1 She thinks there are too many ....
18.2 The streets are .... **(2 marks)**

A famous Belgian singer

You hear this podcast about Rapido, a Belgian singer. Choose the correct answer and write the correct letter in the box.

Answer both parts of question 19.

19.1 Rapido was listening to music online ...

A	18 months ago.
B	when he was discovered.
C	with his friends.

☐

19.2 He decided to ...

A	learn a musical instrument.
B	start singing online.
C	watch music videos.

☐

Answer both parts of question 20.

20.1 Rapido's parents …

A	dislike music.
B	play musical instruments.
C	were born in Morocco.

20.2 Next year, Rapido is going to …

A	visit his family in Morocco.
B	go on a world tour.
C	give up singing.

(4 marks)

Dreams

You hear this programme about dreams.

A	Being rich	D	Having a big house
B	Having pets	E	Having a big family
C	Being happy	F	Living abroad

What do they dream about?

Write the correct letters in the boxes.

21 ☐ ☐

22 ☐ ☐

(4 marks)

Dictation

You will now hear four short sentences.

Listen carefully and, using your knowledge of French sounds, write down in **French** exactly what you hear for each sentence.

You will hear each sentence **three** times: the first time as a full sentence, the second time in short sections and the third time again as a full sentence.

Use your knowledge of French sounds and grammar to make sure that what you have written makes sense. Check carefully that your spelling is accurate.

Sentence 1

....

....

Sentence 2

....

....

Sentence 3

....

....

Sentence 4

....

....

(8 marks)

TOTAL FOR PAPER = 40 MARKS

Had a go ☐ Nearly there ☐ Nailed it! ☐   **Practice papers**

Paper 2: Speaking (Foundation)

Role play

1 You are talking to your French friend.

Play the recording to listen to the teacher's part. The teacher will play the part of your friend and will speak first.

You should address your friend as *tu*.

When you see this – **?** – you will have to ask a question.

> **In order to score full marks, you must include a verb in your response to each task.**
> 1 Say where you go out with your family. (Give **one** detail.)
> 2 Say what your favourite pastime is. (Give **one** detail.)
> 3 Give **one** opinion about going out with your family.
> ? 4 Ask your friend a question about free time.
> 5 Describe a member of your family. (Give **one** detail.)

(10 marks)

Reading aloud

2 Read aloud the following text in **French**.

> J'aime beaucoup la technologie.
> Je télécharge de la musique sur mon portable.
> Les applications sont très utiles.
> J'achète souvent des vêtements et des livres en ligne.
> Ma sœur fait ses devoirs sur son ordinateur le soir.

(5 marks)

Now listen to the recording of four questions in **French** that relate to the topic of **Media and technology**. In order to score the highest marks, you must try to **answer all four questions as fully as you can**. **(10 marks)**

Photo card

Look at the two photos as part of your preparation. Make as many notes as you want on an Additional Answer Sheet for use during the test. You will be asked about the content of these photos by your teacher. The recommended time is approximately **one minute**. **You must say at least one thing about each photo**. After you have spoken about the content of the photos, you will then be asked questions related to **any** of the topics within the theme of **People and lifestyle**.

Photo 1

Photo 2

(25 marks)

TOTAL FOR PAPER = 50 MARKS

Paper 3: Reading (Foundation)

SECTION A

Places to live

These French people are talking about places to live.

	Sylvie: Je veux habiter à la montagne.		Aline: Je préfère habiter à la campagne.
	Marion: Moi, j'aime vivre en ville. C'est pratique.		

Which place does each person mention?

Write the correct letter in each box.

A	The seaside	D	Village
B	Town	E	Countryside
C	Mountains		

1 Sylvie

2 Marion

3 Aline

(3 marks)

School life

You are reading an online forum about schools.

> **Mathis:** Mon école est loin de chez moi, alors j'y vais en train. Ma matière préférée est l'histoire mais je n'aime pas la géographie.
>
> **Bernard:** Mes professeurs sont nuls et ils ne m'aident jamais. Je déteste toutes mes matières sauf la géographie où j'ai souvent de bonnes notes.
>
> **Carole:** Je m'entends bien avec mes professeurs qui sont vraiment sympa. Je fais mes devoirs chaque soir. Je trouve mon collège juste et bon.

Match the correct person with each of the following questions.

Write **M** for Mathis
    B for Bernard
    C for Carole.

4 Who doesn't like their teachers?

5 Who regularly does homework?

6 Who likes geography?

7 Who thinks their school is fair?

8 Who has a long journey to school?

(5 marks)

Had a go ☐ **Nearly there** ☐ **Nailed it!** ☐

Practice papers

The environment

You read this text from an online magazine where Ahmed is talking about recycling.

> Je recycle les journaux et le plastique chaque jour car il est important de protéger l'environnement, mais mes parents disent qu'il n'y a pas de problèmes et ils ne recyclent pas. Je respecte les personnes dans ma région qui aident les autres, mais selon moi, le plus grand problème du monde c'est la pollution. Il y a trop de voitures et de bruit dans les grandes villes.

Answer the following questions in **English**.

9 Which **two** things does Ahmed recycle every day?

   .... **(2 marks)**

10 What do his parents recycle?

   .... **(1 mark)**

11 What does Ahmed think is the biggest world problem?

   .... **(1 mark)**

Shopping

These people have posted opinions of their purchases on social media.

> **Kévin:** Mon nouveau portable est trop petit et je ne peux pas l'utiliser facilement.
>
> **Clémentine:** J'ai une nouvelle **jupe** qui est à la mode et elle n'est pas très chère.
>
> **Morgane:** J'ai un nouveau pantalon. J'adore la couleur mais je n'aime pas le style.
>
> **Rachid:** Mon nouvel ordinateur ne marche pas. Quel dommage!
>
> **Sophie:** Mes nouveaux livres sont intéressants et j'aime bien les auteurs.

What do these people think about the purchases they have made?

Write **P** for a **positive** opinion

      N for a **negative** opinion

      P+N for a **positive** and **negative** opinion.

Write the correct letter in each box.

12 Kévin ☐

13 Clémentine ☐

14 Morgane ☐

15 Rachid ☐

16 Sophie ☐

17 Read Clémentine's review again.

What would you expect to do with a **jupe**?

Write the correct letter in the box.

A	eat it
B	wear it
C	read it

☐

(6 marks)

A local festival

You read this article online.

> Chaque année en juin, il y a un festival excellent à Villeneuve. Il y a toujours beaucoup de gens qui viennent visiter le festival. Le matin, les enfants de la ville dansent et chantent sur la place du marché. Ils portent des vêtements traditionnels et le spectacle est vraiment génial. L'après-midi, on peut participer à un concours de musique pour gagner un prix. Le soir, il y a un grand défilé devant les vieilles maisons blanches dans le vieux quartier. Il n'y a rien de moderne.

Complete these sentences. Write the letter for the correct option in each box.

18 The festival takes place …

A	in July.
B	in autumn.
C	every year.

19 The festival is …

A	well-attended.
B	serious.
C	not planned.

20 The morning activities …

A	involve only dancing.
B	involve buying traditional clothes at the market.
C	take place in the market square.

21 In the afternoon there is …

A	a music competition.
B	a motor race.
C	a prize draw.

22 The procession takes place …

A	in the afternoon.
B	in the evening.
C	in the morning.

23 The white houses are …

A	in the old district.
B	in a modern area.
C	newly built.

(6 marks)

Had a go ☐ **Nearly there** ☐ **Nailed it!** ☐

Practice papers

Hobbies

In an online forum Marc is talking about his hobbies.

> Salut! J'ai beaucoup de passe-temps car je les trouve très importants. En ce moment, j'adore faire du vélo avec mes copains. On va à la campagne ou à la montagne une fois par semaine. Avant, j'aimais jouer au football, mais je n'ai plus de temps pour les sports d'équipe. Récemment, j'ai commencé à écrire des histoires parce que c'est vraiment intéressant et passionnant. À l'avenir, je voudrais essayer de faire la natation dans un club.

What does Marc say about these hobbies?

Write **P** for a hobby he did **in the past**

N for a hobby he does **now**

F for a hobby he wants to do **in the future**.

Write the correct letter in each box.

24 Cycling ☐

25 Football ☐

26 Writing ☐

27 Swimming ☐ **(4 marks)**

Life in the west of France

Janine has written this on a forum about life in France.

> Je m'appelle Janine et j'habite dans une petite ville dans l'ouest de la France, sur la côte. J'aime vivre ici parce que j'adore passer du temps sur la plage et il y a beaucoup à faire pour les jeunes. Il y a aussi des inconvénients – il pleut souvent et les magasins au centre-ville sont nuls.
>
> Je sors souvent avec mes copains. Le dimanche on va à une petite **pâtisserie** qui est près de chez moi où on vend des gâteaux délicieux!

Answer the following questions in **English**.

28 What **two** advantages of her town does Janine mention?

....

.... **(2 marks)**

29 What **two** disadvantages does she mention?

....

.... **(2 marks)**

30 Read the last paragraph again. What is a **pâtisserie**?

Write the correct letter in the box.

A	a shop
B	an item of clothing
C	a drink

☐ **(1 mark)**

School trips

Read the email that Hugo wrote to his French friend.

> Salut!
>
> J'aime mon collège car je m'entends bien avec les élèves et les professeurs, et on fait beaucoup de voyages scolaires. Le mois dernier, je suis allé au stade dans une grande ville avec ma classe et on a participé à une journée sportive. Moi, j'ai joué au foot et mon équipe a gagné. C'était passionnant!
>
> L'année prochaine, nous allons visiter un vieux château dans une ville proche.
>
> Tu fais des visites scolaires?
>
> Hugo

Complete these sentences.

Write the correct letter in each box.

31 Hugo gets on well with …

A	his family.
B	his teachers and the pupils at his school.
C	people who do sport.

32 He took part in a day of sport …

A	last month.
B	last year.
C	last week.

33 His team …

A	lost.
B	won.
C	went cycling.

34 Next year he is going to …

A	study history at school.
B	visit a neighbouring town.
C	watch sport.

(4 marks)

Magazine headlines

You see these headlines in a French magazine.

A	Concert de musique gratuit au centre-ville demain
B	Grève des médecins va causer des problèmes
C	Le réchauffement: Notre monde est en danger
D	Le prix de la nourriture augmente
E	Vents forts dans le nord du Canada la semaine prochaine

Which headline matches each event?

Write the correct letter in each box.

35 Increased costs

36 A damaging strike

37 Bad weather coming soon

(3 marks)

Had a go ☐ Nearly there ☐ Nailed it! ☐

Practice papers

SECTION B

Translation into English

38 Translate these sentences into **English**.

J'aime ma famille. Ma mère est gentille.

....

....

J'ai faim. Je vais au restaurant.

....

....

Je vais devenir professeur à l'avenir.

....

....

Mon meilleur ami est bavard. Il parle beaucoup.

....

....

La semaine dernière nous avons regardé un spectacle en ligne ensemble.

....

....

(10 marks)

TOTAL FOR PAPER = 50 MARKS

Paper 4: Writing (Foundation)

In the real exam, you will write your answers on the question paper. Here some lines are provided but you may need to continue your answers on your own paper.

Picture task

1 You and your French friends are sharing photos on Snapchat.

   What is in this photo?

   Write **five** sentences in **French**.

   1.1 ....

   1.2 ....

   1.3 ....

   1.4 ....

   1.5 ....

   (10 marks)

A description

2 Some French students are coming to visit your area. Write a short description of your area for them. Write approximately **50** words in **French**. You must write something about each bullet point.

   Mention:

   - what there is for tourists
   - the shops
   - the town / village centre
   - what there is to do in the evening
   - sports in the area.

   ....

   ....

   ....

   ....

   (10 marks)

Grammar task

3 Using your knowledge of grammar, complete the following sentences in **French**.

   Choose the correct French word from the three options in the grid.

   Write the correct **word** in the space, as shown in the example below.

   Example Le concert ....*finit*.... à dix heures.

finit	finis	finissent

   1 Mon frère .... bavard.

sont	est	sommes

   2 Ma mère .... beaucoup d'amis.

ont	ai	a

   3 Ma ville est ....

grande	grand	grandes

   4 J'ai un .... chien.

petite	petits	petit

   5 Hier, j'ai .... du vélo.

fait	fais	faire

   (5 marks)

Had a go ☐ Nearly there ☐ Nailed it! ☐   **Practice papers**

Translation

4 Translate the following sentences into **French**.

I have a sister.

....

It's very hot in summer.

....

My school is quite big and boring.

....

In my opinion my friend is hardworking.

....

Yesterday I went to the beach by car with my family.

....

(10 marks)

An email

5 You are emailing your Belgian friend about your school. Write approximately **90** words in **French**.

You must write something about each bullet point.

Describe:
- what your school is like
- a recent school trip
- your educational plans for next year.

....
....
....
....
....
....
....
....
....
....
....
....
....
....

(15 marks)

TOTAL FOR PAPER = 50 MARKS

Paper 1: Listening (Higher)

AQA publishes official Sample Assessment Material on its website. This test has been written to help you practise what you have learned across the four skills and may not be representative of a real exam paper.

Jobs

You hear some French teenagers talking about jobs.

What is the opinion of the teenagers on the following aspects?

Write **P** for a **positive** opinion

N for a **negative** opinion

P+N for a **positive** and **negative** opinion.

Write the correct letter(s) in each box.

1 Teacher

2 Postman / woman

3 Doctor

4 Police officer

(4 marks)

A famous actor

You hear this podcast about Sandro, a Moroccan actor.

Choose the correct answer and write the letter in each box.

Answer both parts of question 5.

5.1 Sandro has been an actor …

A	since he turned 22.
B	for 2 years.
C	for over 20 years.

5.2 When he was younger he …

A	had good marks in every subject.
B	didn't want to go to university.
C	was only good at drama.

Answer both parts of question 6.

6.1 After leaving school, Sandro …

A	worked in a shop.
B	worked in a music studio.
C	was unemployed.

6.2 One day a man invited him …

A	to be in a play.
B	to sing in the street.
C	to visit a shop.

7 Recently Sandro said that he …

A	is doing a play in Africa.
B	is giving money to charity.
C	is changing his job.

(5 marks)

Had a go ☐ **Nearly there** ☐ **Nailed it!** ☐

Practice papers

Recycling

You hear this announcement from a recycling centre online.

Write **A** if only statement **A** is correct

B if only statement **B** is correct

A+B if both statements **A** and **B** are correct.

Write the correct letter(s) in each box.

Answer both parts of question 8.

8.1 Leave your glass …

A	to the left of the entrance.
B	to the right of the entrance.

8.2 Leave plastic …

A	to the left of the entrance.
B	to the right of the entrance.

9 You can recycle newspapers in …

A	the afternoon.
B	the morning.

(3 marks)

An island

You hear this programme about an island off the French coast.

Complete the sentences in **English**.

Answer both parts of question 10.

10.1 In winter the weather is ……………………………………………………………… .

10.2 In summer it rarely ……………………………………………………………………… .

Answer both parts of question 11.

11.1 The castle is open …………………………………………………………………………… .

11.2 In the evening the island tour is by …………………………………………………… .   **(4 marks)**

Healthy lifestyles

You hear this interview with Jules, a French doctor.

Answer the questions in **English**.

12 What **two** things does Jules suggest for a healthy lifestyle?

1 ……………………………………………………………………………………………

2 ……………………………………………………………………………………………   **(2 marks)**

13 What **two** changes has Jules made to his lifestyle?

1 ……………………………………………………………………………………………

2 ……………………………………………………………………………………………   **(2 marks)**

14 Choose the right answer and write the correct letter in the box.

Jules is going to …

A	do more exercise.
B	follow a healthy diet.
C	take up running.

(1 mark)

131

A town

You listen to a podcast about Chloé's town.

Answer the questions in **English**.

Answer both parts of question 15.

15.1 What can you now do in Chloé's town that you couldn't do before?

....

15.2 What has just happened in the town?

....

Answer both parts of question 16.

16.1 Chloé complains about …

A	the size of the town.
B	the lack of sporting facilities.
C	the roads.

16.2 Chloé particularly likes …

A	the streets.
B	the town centre.
C	the trees.

17 In the future Chloé will live …

A	in the same town.
B	abroad.
C	elsewhere.

(5 marks)

Future plans

Sarah and Emma are talking about their future plans.

A	They want children.
B	They want to live with their parents.
C	They don't want to get married.
D	They want a job which makes them happy.
E	They want a well-paid job.
F	They want to have pets.

Which are the **two** correct plans for each person?

Write the correct letters in the boxes.

18 ☐ ☐

19 ☐ ☐

(4 marks)

Radio news stories

You hear these news stories.

A	The police have arrested someone.
B	The thieves took money and clothes.
C	The thieves were wearing designer clothes.
D	The robbery was yesterday.

Choose the **two** correct statements.

Write the letters in the boxes.

20 ☐ ☐

Had a go ☐ **Nearly there** ☐ **Nailed it!** ☐

Practice papers

A	Two factories have recently closed.
B	There will be 3000 people unemployed in two weeks.
C	The government needs to react.
D	Unemployment has reduced.

21 ☐ ☐

A	Hospitals will close across France.
B	Emergency cases will be dealt with.
C	The government has solved a crisis.
D	There will be a demonstration.

22 ☐ ☐

(6 marks)

Studies and future plans

Track 86

You hear Marc in this podcast about study and future plans.

Choose the correct answer and write the correct letter in the box.

Answer both parts of question 23.

23.1 Marc finds school difficult …

A	all the time.
B	because he is lazy.
C	due to homework demands.

☐

23.2 Marc says that …

A	he has just passed important exams.
B	he is not strong in some subjects.
C	all exams are hard.

☐

Answer both parts of question 24.

24.1 Marc's dream is to …

A	work with animals.
B	work in a shop.
C	work for six months.

☐

24.2 His parents think that …

A	he is taking on too much responsibility.
B	he lacks ambition.
C	he has unrealistic ambitions.

☐

(4 marks)

Practice papers

Had a go ☐ Nearly there ☐ Nailed it! ☐

Track 87

Dictation

You will now hear five short sentences.

Listen carefully and, using your knowledge of French sounds, write down in **French** exactly what you hear for each sentence.

You will hear each sentence **three** times: the first time as a full sentence, the second time in short sections and the third time again as a full sentence.

Use your knowledge of French sounds and grammar to make sure that what you have written makes sense. Check carefully that your spelling is accurate.

Sentence 1

....

....

Sentence 2

....

....

Sentence 3

....

....

Sentence 4

....

....

Sentence 5

....

....

(10 marks)

TOTAL FOR PAPER = 50 MARKS

Had a go ☐   Nearly there ☐   Nailed it! ☐

Practice papers

Paper 2: Speaking (Higher)

Role play

1 You are talking to your Swiss friend.

Play the recording to listen to the teacher's part. The teacher will play the part of your friend and will speak first.

You should address your friend as *tu*.

When you see this – **?** – you will have to ask a question.

> **In order to score full marks, you must use at least one verb in your response to each task.**
> 1 Say what your favourite lesson is and why. (Give **one** opinion and **one** reason.)
> 2 Describe the school buildings (Give **two** details.)
> 3 Describe a recent school visit (Give **two** details.)
> ? 4 Ask your friend a question about school.
> 5 Give an opinion about being a teacher.

(10 marks)

Reading aloud

2 Read aloud the following text in **French**.

> Quand je suis libre je fais de la natation.
> Je nage presque tous les jours.
> Je fais du vélo depuis dix ans. C'est bon pour la santé.
> Le week-end dernier, je suis allé à la piscine avec mes copains.
> Plus tard, nous avons écouté de la musique dans le parc.

(5 marks)

Now listen to the recording of four questions in **French** that relate to the topic of **Free-time activities**. In order to score the highest marks, you must try to **answer all four questions as fully as you can**. **(10 marks)**

Photo card

3 Look at the two photos as part of your preparation. Make as many notes as you want on an Additional Answer Sheet for use during the test. You will be asked about the content of these photos by your teacher. The recommended time is approximately **one and a half minutes**. **You must say at least one thing about each photo**. After you have spoken about the content of the photos, you will then be asked questions related to **any** of the topics within the theme of **People and lifestyle**.

Photo 1

Photo 2

(25 marks)

TOTAL FOR PAPER = 50 MARKS

Paper 3: Reading (Higher)

SECTION A

Local headlines

You see these headlines in a local French newspaper.

A	Accident de route: Deux hommes blessés
B	Manifestation contre le chômage
C	Journée de sport au lycée
D	La pluie arrivera demain
E	Fête au jardin public

Which headline matches each event?

Write the correct letter in each box.

1 Future weather

2 Protest against unemployment

3 Men injured

(3 marks)

Family life

You are reading an online forum about family life.

> **Carole:** Ma mère est très sympa mais je ne m'entends pas bien avec mon beau-père.
>
> **Didier:** Ma grande sœur est vraiment nulle. Elle est aussi très paresseuse.
>
> **Justine:** J'ai une famille parfaite. Mes parents sont gentils, mon frère est agréable et ma petite sœur écoute mes problèmes.
>
> **Kévin:** Mes parents ne sont pas intéressants et ils sont un peu trop stricts.
>
> **Luc:** Je trouve mon frère très difficile. Il n'aide jamais chez nous.

What do these people think about their family?

Write **P** for a **positive** opinion

N for a **negative** opinion

P+N for a **positive** and **negative** opinion.

Write the correct letter(s) in each box.

4 Carole

5 Didier

6 Justine

7 Kévin

8 Luc

(5 marks)

Had a go ☐ **Nearly there** ☐ **Nailed it!** ☐

Practice papers

A celebrity

Marthe has written this email.

> ✉
> Mon chanteur préféré c'est Michel Marsaud et je le suis sur les réseaux sociaux. Il écrit de belles paroles et il est vraiment beau. Selon ma mère, il est drôle mais de temps en temps un peu ennuyeux. Il va visiter ma ville dimanche prochain avec sa femme qui est **infirmière** dans un grand hôpital.

Answer the following questions in **English**.

9 What does Marthe think of Michel? .... **(2 marks)**

10 What does her mother think of him? .... **(2 marks)**

11 Read the last sentence again. What is an **infirmière**?

   Write the correct letter in the box.

A	a type of food
B	a type of job
C	a type of shop

   ☐ **(1 mark)**

An influencer

Read this online report about Bella, an influencer.

> ✉
> À l'avenir, j'aimerais habiter au Sénégal parce qu'il y fait chaud. Quand j'étais plus jeune, j'habitais dans la banlieue de Paris où il y avait beaucoup de violence et de crime. Il n'y avait ni fleurs ni arbres et tout le monde semblait triste. C'était vraiment difficile d'y vivre. L'année dernière, j'avais une grande maison au Canada mais mon père a trouvé un emploi différent.
> Aujourd'hui, je vis dans un bel appartement dans un village dans le sud de la France.

What does the article say about these places?

Write **P** for something that happened **in the past**

   N for something that is happening **now**

   F for something that will happen **in the future**.

Write the correct letter in each box.

12 Living in Africa ☐

13 Living in the suburbs of Paris ☐

14 Living in Canada ☐

15 Living in the South of France ☐

(4 marks)

Environmental issues

You read this online forum.

People are discussing environmental issues.

> **Rachid:** Dans les grandes villes, je crois qu'il faut essayer de réduire la circulation car je dis qu'il est important d'arrêter le bruit des voitures et aussi d'aider à diminuer la pollution.
>
> **Freddie:** Selon moi, on doit continuer à faire du recyclage. Mes copains et moi recyclons le verre, les boîtes et le papier au collège. Si on ne fait rien, on risque de détruire notre planète.
>
> **Chloé:** Je crois qu'il est essentiel de lutter contre les déchets qu'on jette dans les rues. Je pense qu'il vaut mieux interdire de fumer ou vapoter dans les rues aussi!

Who gives the following advice?

Write **R** for Rachid

F for Freddie

C for Chloé.

16 Ban smoking and vaping in the street ☐

17 Do something or destroy the planet ☐

18 Reduce traffic ☐

19 Stop litter ☐

20 Stop noise ☐

21 Recycle lots of things ☐

(6 marks)

A father

Read Lola's email.

> Mon père, qui travaillait comme policier à Paris, n'avait pas confiance en lui, alors il a décidé de changer de métier. Après avoir fait une formation de six mois, il a enfin réussi à trouver du travail dans une piscine car il a toujours été sportif et il adore être actif. Actuellement, il est moins inquiet et plus heureux. Il vient de créer sa propre entreprise comme entraîneur* professionnel et nous sommes vraiment fiers de lui.

entraîneur – trainer

Complete these sentences. Write the correct letter for each option in the box.

22 Lola's father used to …

A	fear the police.
B	have no self-confidence.
C	want to live in Paris.

☐

23 His training for a job in a swimming pool …

A	took six months.
B	was unsuccessful.
C	made him sad.

☐

Had a go ☐ **Nearly there** ☐ **Nailed it!** ☐

Practice papers

24 He now has …

A	less self-confidence.
B	a sporty daughter.
C	his own company.

25 The family are all …

A	worried about him.
B	proud of him.
C	happy to have jobs.

(4 marks)

A film festival

Read this online article about a film festival.

✉

Le festival de films francophones se passe cette année à Montréal* au Canada. Ceux qui aiment le cinéma peuvent regarder les films célèbres pendant deux semaines à des prix réduits et on peut choisir le film qui gagne un prix.

Le festival commence le douze juillet et tous les soirs, il y a un concert où on peut écouter de la musique moderne. Cette année, il y aura plus de cinquante groupes, et le chanteur canadien Julien sera là. On espère qu'il fera chaud car les concerts sont dehors.

Si vous voulez participer au festival, vous pouvez vous présenter à l'office de tourisme ou envoyer un e-mail. Les billets sont disponibles maintenant, alors bonne chance!

*Montréal** – a French-speaking city in Canada

Answer the following questions in **English**.

26 How long does the festival last? ………………………………………………… **(1 mark)**

27 Who is Julien? ………………………………………………… **(1 mark)**

28 Why do they hope for hot weather? ………………………………………………… **(1 mark)**

29 When are tickets available? ………………………………………………… **(1 mark)**

Two students and their school friends

You read these posts on a French website.

Je suis très triste car je n'ai plus de copines dans mon école. J'avais beaucoup d'amies mais le mois dernier, quelqu'un a trouvé en ligne deux photos de moi au cinéma avec le petit ami de ma meilleure copine. J'étais souriante et bavarde mais maintenant personne ne me parle et je ne suis pas contente. Mon travail scolaire est nul et je n'ai plus de bonnes notes. Même mes parents ne me supportent pas.
(Sarah)

Moi j'ai des problèmes au lycée et je ne suis pas heureuse. J'ai de bonnes notes dans toutes mes matières et on dit que je vais réussir à mes examens, mais je suis tellement seule parce que je n'ai pas d'amis. J'étudie tout le temps et je ne sors jamais. On dit que je suis trop sérieuse. Je m'entends bien avec mes profs et mes parents mais je n'ai pas de sœurs ou de frères et je n'aime pas les animaux.
(Emma)

Who do the following statements refer to?

Write **S** for **Sarah**

   E for **Emma**

   S+E for **Sarah** and **Emma**.

Write the correct answer in each box.

30 Who has good marks at school? ☐

31 Who used to have lots of friends? ☐

32 Who is not happy? ☐

33 Who gets on with her parents? ☐

(4 marks)

Healthy living

Read this article, written by Luis, for a Belgian magazine.

> ✉
>
> Salut tout le monde!
>
> Un groupe d'adolescents dans notre ville a décidé d'être en meilleure santé. On a commencé à faire attention à ce qu'on mange et boit et on a aussi réussi à être plus en forme en faisant plus d'exercice physique.
>
> Je mangeais beaucoup de fast-food et je détestais les fruits et les légumes. J'étais souvent triste et un peu malade, parce que je passais trop de temps chez moi à regarder des écrans. Maintenant j'évite la nourriture qui est mauvaise pour la santé, je cours chaque matin et je suis plus actif. Mes copains disent que je suis plus heureux.
>
> Dès demain nous allons essayer d'aider les autres à suivre un régime sain et d'améliorer la forme de nos familles. Nous allons aussi participer à une émission qui va expliquer ce qu'on doit faire pour changer son moyen de vivre.

Answer the following questions in **English**.

34 Name one thing that Luis and his group have started to do.

.... **(1 mark)**

35 Why was Luis sad and ill?

.... **(1 mark)**

Complete these sentences. Write the correct letter in the box for each option.

36 Luis avoids …

A	exercise.
B	unhealthy food.
C	eating meat.

☐

Had a go ☐ **Nearly there** ☐ **Nailed it!** ☐

Practice papers

37 The group's plans to help others will start …

A	next week.
B	from tomorrow.
C	the day after tomorrow.

38 To change people's lifestyles, the group is participating in …

A	a diet.
B	a demonstration.
C	a programme.

(3 marks)

SECTION B

Translation

39 Translate these sentences into **English**.

J'étudie l'anglais depuis sept ans.

....
....

Mes copains me disent que l'égalité est vraiment importante.

....
....

Je vais passer un mois sur la côte chez mon oncle.

....
....

Ma sœur travaillera dans un bureau et elle sera contente.

....
....

Après être arrivée chez elle, ma pauvre tante était très fatiguée et voulait dormir.

....
....

(10 marks)

TOTAL FOR PAPER = 50 MARKS

Practice papers

Had a go ☐   Nearly there ☐   Nailed it! ☐

Paper 4: Writing (Higher)

In the real exam, you will write your answers on the question paper. Here some lines are provided but you may need to write the rest of your answers on your own paper.

Translation

1   Translate the following sentences into **French**.

I must work harder in school.

....

....

Next year my friends will visit Canada.

....

....

It is very important to eat healthy food.

....

....

I have decided that I will try to find a job in the summer.

....

....

Yesterday I went to the countryside with my uncle, and we swam in a lake.

....

....   **(10 marks)**

An email

2   You are emailing your Swiss friend about your free time.

Write approximately **90** words in **French**.

You must write something about each bullet point.

Describe:
- what you like to do online
- a recent outing with friends
- your plans for next weekend.

....

....

....

....

....

....

....

....   **(15 marks)**

Had a go ☐   Nearly there ☐   Nailed it! ☐

Practice papers

A website post

3   You are writing a post for a French website.

Your post is about holidays.

Write approximately **150** words in **French**.

You must write something about both bullet points.

Describe:

- the importance of holidays
- a recent holiday experience.

....

(25 marks)

TOTAL FOR PAPER = 50 MARKS

Answers

The answers to the Speaking and Writing activities below are sample answers – there are many ways you could answer these questions.

1. Physical descriptions
1. (a) L (b) A (c) A (d) C
2. 1 J'ai les yeux bleus.
   2 Mon ami porte des lunettes.
   3 Il est très petit.
   4 Ma sœur a les cheveux blonds.

2. Character descriptions
1. Sample answers:
   (a) Ma meilleure amie, qui s'appelle Fatima, est très travailleuse et assez patiente. De temps en temps, elle est sérieuse et elle n'est jamais méchante.
   (b) Quand j'étais plus jeune, j'étais vraiment sportif car je jouais au foot et je faisais de la natation. J'étais plus calme et assez heureux.
   (c) Je m'inquiète pour mon ami Luc parce qu'il n'est pas travailleur et il est souvent triste. Je le trouve vraiment timide aussi.
   (d) Le sport m'intéresse beaucoup parce que je suis très actif.
2. (a) B (b) C (c) A

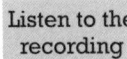

3. Friends
1. Read aloud text
2. (a) at a party / two weeks ago
   (b) fun / funny / amusing
   (c) shopping / buy things
   (d) the friendship will last a long time / they have the same tastes

4. Family
1. (a) B (b) C (c) A (d) B
2. J'adore ma famille.
   Mon père est très gentil.
   Ma mère m'écoute beaucoup.
   Je suis en vacances avec ma tante.
   Hier, je suis allé(e) à la plage avec mes frères et mon chien.

5. Relationships
1. A, D, F
2. Sample answer:
   Sur la première photo il y a quatre jeunes amis. Un garçon a les cheveux courts et noirs. Les filles ont les cheveux longs. Ils sont dans la rue devant une maison et je pense qu'il fait beau. Ils utilisent les portables et selon moi, ils sont contents parce qu'ils sourient. Je pense qu'ils s'entendent bien ensemble. Sur la deuxième photo je vois un groupe d'amis dans un café. Sur la table il y a des cafés et les amis parlent ensemble.

6. Helping friends with problems
1. A, B, D
2. (a) aide (b) mange (c) mes (d) parlons (e) meilleure

7. When I was younger
1. (a) go swimming (b) a small flat (c) stay at home and do cooking
2. Sample answers to follow-on questions:
   (a) Quand j'étais plus jeune, j'allais en vacances au Canada avec ma famille. On faisait des sports d'hiver à la montagne et je trouvais ça amusant. Le soir on allait manger dans un restaurant près d'un lac. Les repas étaient excellents et la vue était extraordinaire. Cependant, maintenant on va en France et je n'aime pas ça parce que c'est nul. Je voudrais aller au Canada encore.
   (b) Quand j'étais plus jeune, je faisais des achats en ville le samedi avec ma mère et mes amies. J'aimais aussi chanter et danser car j'étais vraiment active. Cependant, maintenant, je préfère jouer sur mon ordinateur et télécharger de la musique sur mon portable.

8. Identity
1. Sample answer:
   Je suis assez sportif et j'aime presque tous les sports, mais je n'aime pas le football. Je pense que je suis sérieux et ma passion, c'est la lecture et je lis chaque jour. On dit que je suis travailleur et aussi gentil parce que je fais toujours mes devoirs et j'aime aider les autres.
   Récemment, je suis allé en ville où j'ai acheté beaucoup de livres et le week-end dernier, j'ai fait du vélo avec mes amis.
   À l'avenir, je voudrais devenir professeur car je pense qu'il est important d'aider les enfants.
2. Sample answers to follow-on questions:
   (a) Je suis très bavard et on dit que je ne suis pas timide. Je pense que je suis sportif et travailleur aussi.
   (b) Mon rêve est de devenir professeur parce que j'aime aider les gens et je m'entends bien avec les jeunes.
   (c) J'adore tous les animaux et j'ai deux petits chiens. Ils s'appellent Jack et Lola et ils sont sympa.
   (d) J'aime sortir avec mes copains le week-end ou le soir. On va souvent au parc où on joue au football ensemble. C'est génial.

9. Food and drink
1. Sample answer:
   Ce que j'aime le plus, c'est la viande avec des frites parce que j'adore le goût. J'adore boire de l'eau car c'est bon pour la santé, mais je ne prends jamais de café parce que je n'aime pas ça. L'année dernière, je suis allé en vacances au Canada avec ma famille. On a essayé la cuisine de la région et je l'ai trouvée super car on mange beaucoup de plats traditionnels.
   À l'avenir, je voudrais manger plus de repas végétariens car on dit qu'ils sont bons pour la santé et je pense qu'il est important d'être en forme. (Grade 5)
2. Sample answer:
   Je préfère boire de l'eau car c'est sain, mais, de temps en temps, j'aime aussi boire du lait, mais je déteste le thé car ce n'est pas bon.
   Récemment, j'ai arrêté de boire du chocolat chaud car on dit que c'est mauvais pour la santé. Je ne bois jamais de café car je n'aime pas le goût.

10. Healthy diets
1. Sample answer:
   T: Qu'est-ce que tu manges pour être en bonne santé?
   S: Je mange des fruits.
   T: Qu'est-ce que tu aimes boire?
   S: J'aime boire de l'eau.
   T: Qu'est-ce que tu penses des repas chez toi?
   S: J'adore les repas chez moi.
   T: Ah bon.

S: Qu'est-ce que tu préfères manger?
T: J'aime les frites. Qu'est-ce que tu penses des repas végétariens?
S: J'aime les repas végétariens.
2 A, C, E

11. Sport and exercise
1 (a) N (b) F (c) P (d) P
2 Sample answer:
Je préfère jouer au football car c'est passionnant. Je joue au foot dans un club avec mon équipe. J'aime jouer avec mes copains car c'est super. Nous jouons au foot le samedi et le dimanche. Je pense que le sport est très important car c'est bon pour la santé.

12. Physical wellbeing
1 Sample answers to follow-on questions:
   (a) Je fais du sport le week-end et le soir avec mes amis. C'est vraiment super car c'est amusant.
   (b) Le sport, c'est bon pour la santé et je peux rencontrer mes amis aussi.
   (c) Mon sport préféré c'est la natation parce que je trouve ça passionnant. Je nage tous les soirs.
   (d) Pour rester en forme je fais beaucoup de sport et je fais des promenades avec ma famille.
2 (a) improve his fitness / have sporting success
   (b) individual / ones you can play alone
   (c) train (at a sports club)
   (d) B

13. Mental wellbeing
1 Sample answers:
   (a) Selon moi, beaucoup de jeunes sont tristes à cause des examens. Trop de jeunes sont harcelés pendant la journée scolaire et mon meilleur copain s'inquiétait la semaine dernière parce qu'on le menaçait en ligne.
   (b) Beaucoup de personnes ont des problèmes et il y a une vraie crise. Je pense que, de temps en temps, les jeunes trouvent ça difficile de s'intégrer à la société. On passe trop de temps devant les écrans et il faut lutter contre les problèmes causés par Internet. (Grades 7–9)
2 Je suis triste.
   Mon ami(e) ne peut pas dormir.
   Etre en bonne santé est important.
   Je pense que j'ai trop d'examens and je suis inquiet / inquiète.
   La semaine dernière j'ai commencé à faire plus de sport pour aider ma santé.

14. Feeling unwell
1 Sample answers:
   1 Il y a trois personnes.
   2 Ils sont malades.
   3 Le père est triste.
   4 Ils sont dans une maison.
   5 L'homme a les cheveux noirs.
2 C, D, F

15. Eating out
1 Sample answer:
Mon restaurant préféré est dans ma ville. J'adore manger du poisson et je préfère boire de l'eau car c'est bon pour la santé, et je pense que le restaurant est très agréable car les repas sont excellents. Je vais au restaurant pour mon anniversaire ou pour célébrer. (Grade 5)

2 T: Bonjour. Pourquoi aimes-tu manger au restaurant?
   S: C'est intéressant et j'aime manger des repas spéciaux.
   T: D'accord. Tu as un restaurant préféré?
   S: Mon restaurant préféré est au centre-ville et les repas sont excellents.
   T: Qu'est-ce que tu préfères manger?
   S: Je préfère le poisson.
   T: Tu es allée au restaurant récemment?
   S: Hier, je suis allée dans un restaurant français. Le repas était super.
   T: Excellent.
   S: Tu aimes aller au restaurant?
   T: Oui, c'est génial.

16. Opinions about food
1 C, E, F
2 1 Mon père aime les légumes.
   2 Je mange du poisson.
   3 Ma mère adore les fraises.
   4 Je trouve les fruits vraiment délicieux.

17. School subjects
1 (a) A (b) C (c) B
2 (a) M (b) C (c) C (d) M (e) E (f) E

18. School likes, dislikes and reasons
1 (a) quite hard (b) interested in reading
   (c) refused to explain something
   (d) a test in technology (e) he wants good marks
2 Read aloud and sample answers to follow-on questions:
   (a) Je préfère les maths car c'est intéressant et je suis forte en maths.
   (b) Je m'entends bien avec mon prof d'histoire parce qu'il m'aide beaucoup mais je n'aime pas ma prof d'anglais car elle est trop stricte.
   (c) Pendant la récréation je joue au foot ou je parle avec mes copains. De temps en temps je mange des frites.
   (d) Je suis faible en technologie donc je déteste cette matière. Notre prof nous donne trop de devoirs. C'est vraiment nul.

19. Timetable and school day
1 J'aime aller à l'école / au collège.
   Ma matière préférée est l'anglais.
   Mon frère déteste les maths car c'est très difficile.
   L'année dernière j'ai fait beaucoup de devoirs.
   Si j'ai de bonnes notes, je peux continuer mon éducation.
2 (a) A (b) B (c) B (d) C

20. Equipment and facilities in school
1 Sample answer:
Mon collège est assez petit et il y a seulement 500 élèves. Nous avons un centre sportif où on peut faire de l'exercice physique. J'aime mon collège car les profs sont sympa et on a beaucoup d'ordinateurs portables qu'on peut utiliser en classe, mais je pense qu'on a trop de devoirs et je déteste ça.
La semaine dernière je suis allé à l'école à pied car j'ai manqué le bus! A l'avenir je voudrais rester à mon école et je vais étudier les maths et les sciences. (Grade 5)
2 (a) useful (b) library (c) fields

21. School uniform
1 (a) not fashionable
   (b) hides differences between rich and poor / can encourage good behaviour
   (c) change colours
   (d) more comfortable clothes
2 (a) déteste (b) porter (c) Mes (d) la (e) pense

22. Class activities
1. A, C, D
2. (a) his head teacher
   (b) He would like to go on the exchange, but his parents won't allow him to.
   (c) taste / experience a different culture and make new friends
   (d) His parents will change their minds.

23. School rules
1. Sample answer:
   (a) Selon moi, les règles de mon école sont assez justes. Par exemple, il faut écouter les profs pendant les cours et respecter les autres élèves. Cependant, on ne peut pas utiliser son portable au collège et je pense que c'est nul. Hier, mon ami a essayé de téléphoner à sa mère qui était malade, mais le prof a pris son portable.
   (b) Si j'étais directeur je changerais les règles scolaires parce que, à mon avis, elles sont trop strictes. Je ne porterais pas d'uniforme et les cours commenceraient à dix heures car je déteste me lever tôt le matin.
   (c) Je suis contre l'uniforme car ce n'est pas confortable et on n'a pas de choix. Mon meilleur ami aime notre uniforme car c'est pratique. Mais moi, je suis contre l'uniforme. (Grade 6–7)
2. (a) There are too many rules.
   (b) was listening to music on his phone / was seen by a teacher
   (c) comfortable / practical
   (d) He doesn't mind it.

24. Opinions about school
1. Sample answer:
J'aime mon collège car les profs essaient toujours de m'aider avec mon travail scolaire et je les trouve vraiment sympa. Hier, mon prof de maths m'a expliqué un problème que j'avais avec un aspect difficile de la matière et j'étais très inquiet. Ce qui me plaît au collège, ce sont les bâtiments modernes et aussi le directeur qui est travailleur. Par contre, je n'aime pas les règles puisqu'elles sont trop strictes. Cependant, je trouve que mon école est super et je vais continuer mes études ici l'année prochaine.
La semaine dernière, j'ai participé à un spectacle de musique et c'était excellent. Je joue d'un instrument depuis six ans et j'étais très heureux de pouvoir jouer dans un groupe. Mes copains ont chanté ensemble et je crois que le spectacle était vraiment génial, surtout quand un prof nous a donné des fleurs à la fin du concert. (Grade 8–9)
2. B, C, F

25. Options at 16
1. Sample answer:
J'ai déjà décidé de continuer mes études en histoire et en anglais car je suis fort en langues mais je ne sais pas quelle autre matière je vais choisir. Je suis faible en maths et en sciences et je n'aime pas l'art, alors je vais demander conseil à mes profs avant de décider. (Grade 7–8)
2. (a) B (b) A (c) C (d) A (e) A
3. (a) history (b) French (c) music

26. Schools – France and the UK
1. Sample answer:
Je préfère les écoles en France parce que les vacances d'été sont plus longues et il ne faut pas porter d'uniforme. L'année dernière, je suis allé à un collège français avec mon ami et c'était excellent. J'ai trouvé les professeurs plus sympa et les repas étaient excellents. (Grade 6)
2. B, C, F

27. Future study plans
1. Sample answer:
Sur la première photo, il y a beaucoup d'étudiants à l'université. Je peux voir trois étudiants. Une jeune femme regarde un livre peut-être, un jeune homme est en train de regarder un écran et la deuxième jeune femme regarde son portable. Ils portent un sac. Il y a une étudiante handicapée. Le jeune homme au centre a les cheveux courts et noirs. Sur la deuxième photo, il y a des étudiants dans une salle de classe à l'université. Ils écoutent le professeur et ils travaillent dur. Tout le monde sourit.
2. (a) S (b) M (c) M (d) S

28. Future plans
1. (a) B (b) C (c) A (d) A
2. (a) doctor (b) long training / expensive university
   (c) forget daily worries (d) doesn't know if she will marry

29. Part-time jobs and money
1. Sample answers:
   1. Je vois quatre personnes.
   2. Il y a une table.
   3. La fille travaille dans un café.
   4. Elle a les cheveux blonds.
   5. Je vois des fruits.
2. A, D, E

30. Opinions about jobs
1. Sample answer:
Je pense que travailler est important car on peut gagner de l'argent mais on doit aussi être content quand on travaille. Je ne veux pas travailler dans un bureau parce que ce n'est pas intéressant. Le mois dernier j'ai trouvé un poste dans un magasin qui se trouve près de ma maison. C'est facile et bien payé, alors j'ai pu acheter des livres et des vêtements avec l'argent que j'ai gagné. À l'avenir, mon travail idéal serait dans une école car je voudrais être professeur de technologie. (Grade 5–6)
2. (a) B (b) B (c) A (d) B (e) C (f) A

31. Job adverts and skills needed
1. Sample answers to follow-on questions:
   (a) J'ai un emploi dans un supermarché où je travaille à la caisse. J'aime mon emploi car c'est génial.
   (b) On dit que je suis gentil et travailleur. Mes parents pensent que je suis trop bavard mais je crois que je suis amusant car j'aime bien rire.
   (c) J'aime gagner de l'argent parce que je peux acheter des cadeaux pour mes amis et ma famille. J'achète aussi des vêtements car j'adore la mode.
   (d) Je ne veux pas travailler dans une école car je n'aime pas trop les enfants. Il font souvent trop de bruit.
2. (a) checkout / till
   (b) good at maths / like talking to customers

32. Applying for jobs
1. Sample answers:
   T: Pourquoi est-ce qu'il est important d'avoir un emploi?
   S: C'est important car je peux gagner de l'argent et être plus indépendant.
   T: Très bien.
   T: Tu es quelle sorte de personne?
   S: Je suis très amusant mais on dit aussi que je suis travailleur.
   T: Qu'est-ce que tu aimes comme emploi?
   S: J'aime travailler dans une banque.
   T: Très bien.

T: Où travaillais-tu dans le passé?
S: J'avais un emploi dans un café où je servais les clients.
T: Intéressant.
S: Quel emploi veux-tu faire?
T: Je veux être professeur.
2 Sample answers:
1 Il y a deux personnes.
2 Elles sont dans un bureau.
3 Je vois un ordinateur.
4 Il y a une table.
5 Le bureau est dans une ville.

33. Volunteering
1 Sample answer:
Sur la première photo, je vois un jeune homme qui doit avoir faim parce qu'on lui donne de la nourriture. Il porte un chapeau et il a les cheveux bruns. On lui donne des légumes et de la viande et le jeune homme va en manger. Il y a une femme à côté de lui et elle attend aussi quelque chose à manger. Deux personnes les servent et je pense qu'ils aident les jeunes. Je peux aussi voir des fruits. Sur la deuxième photo, il y a cinq personnes qui travaillent pour une association. Je vois des boissons et des sacs en papier.
2 (a) N (b) F (c) P

34. Equality and helping others
1 (a) A (b) B (c) A+B
2 L'égalité est importante.
J'aime aider les gens.
Mes parents donnent de l'argent à une association locale.
L'année dernière j'ai commencé à travailler avec des jeunes en ville.
Je veux voir une société juste où tout le monde est égal.

35. Sporting events
1 Sample answers:
1 Il y a quatre personnes.
2 Ils regardent un match de football.
3 Je vois une télévision.
4 Un homme a les cheveux bruns.
5 Ils sont dans une maison.
2 I love watching sports on TV.
I often go to sporting events in my area.
Tomorrow my friend and I are going to visit the stadium in the town centre.
Next year I'll go to a professional football match and I hope that the weather will be / is fine.
Recently my uncle invited me to see a cycling competition and it was great.

36. Hobbies
1 Sample answer:
Après ma semaine au collège, j'aime faire des activités différentes pendant mon temps libre. Je fais du théâtre et je joue aussi à des jeux vidéo en ligne avec mes amis. Je préfère être actif, alors je fais beaucoup de sport et mon sport préféré est le football parce que je suis fort.
Le week-end dernier, je suis allé en ville avec mon meilleur ami et nous avons regardé un film au cinéma. Selon moi, j'ai aimé tous les acteurs et le film était étonnant.
La semaine prochaine, je vais faire / ferai du vélo avec mes sœurs et nous allons aller / irons au bord de la mer où je vais nager / nagerai.
2 (a) A (b) B (c) A (d) C

37. Music and dance
1 Sample answers:
1 Il y a six personnes.
2 Ils dansent.
3 Un homme joue d'un instrument.
4 Je vois trois jeunes femmes.
5 Il fait beau.
2 (a) chanter (b) joue (c) mes (d) allons (e) déteste

38. Arranging to go out
1 Read aloud text
2 (a) his best friend
(b) in a castle / near Hugo's house
(c) He had to stay at home / look after his little brother.
(d) lots of photos
(e) happy

39. Reading
1 J'adore lire / la lecture.
Ma sœur lit tous les jours si elle a le temps.
Je pense que les livres sont intéressants.
La semaine dernière j'ai acheté un journal en ville.
Je veux lire plus souvent.
2 C, D, F

40. Television
1 (a) A (b) A (c) C
2 (a) act / actor in a series
(b) reality TV
(c) sports programmes

41. Going to the cinema
1 Sample answers:
T: Quel type de films aimes-tu?
S: J'aime les films amusants parce que j'aime bien rire.
T: C'est intéressant. Tu as une star préférée?
S: Mon acteur préféré est très grand et il est sympa aussi.
T: Qu'est-ce que tu as fait la semaine dernière?
S: Je suis allé au cinéma où j'ai regardé un bon film avec mes copains.
T: Il y a des avantages à regarder un film au cinéma?
S: J'aime le grand écran.
T: Intéressant.
S: Tu aimes aller au cinéma?
T: Oui, c'est amusant.
2 Sample answer:
Quand je sors avec mes copains, on va souvent au centre-ville où on peut acheter des vêtements ou aller au cinéma qui se trouve près de chez moi. Le cinéma est grand et j'aime ça car on peut y regarder beaucoup de films différents et je trouve ça génial. Je préfère les films qui me font sourire.
Le week-end dernier, je suis allé en ville où j'ai acheté un cadeau pour l'anniversaire de ma mère. C'était super parce que je lui ai acheté un pantalon qui coûtait très cher.
Le week-end prochain, je vais regarder un film passionnant avec mes copains et ma famille. (Grade 5)

42. Places in town
1 (a) a library or a shopping centre
(b) a new swimming pool has just been built
(c) abroad
2 Sample answer:
Ma ville est trop petite et il n'y a pas assez d'activités sportives disponibles. Je pense qu'il n'y a presque rien à faire le soir, surtout pour les jeunes comme moi. Cependant, ma ville est très belle, les rues sont propres et j'adore les arbres qu'on voit partout dans la région. J'aime bien le centre commercial qu'on vient de construire au centre-ville parce qu'on peut y acheter de tout et les prix ne sont pas trop chers.
Récemment j'ai passé deux heures au centre-ville avec ma famille et c'était vraiment génial. Après avoir mangé un repas excellent dans un petit café, nous sommes allés au musée d'art où on a pu admirer les beaux tableaux.

À l'avenir, je voudrais habiter dans une plus grande ville comme Paris parce qu'il y a beaucoup de choses à faire. Je trouverai un emploi là-bas et j'achèterai un appartement près de la rivière. Ce sera passionnant. (Grade 7–8)

43. Things to do
1. (a) B (b) A (c) B
2. J'adore le sport.
   J'aime faire les magasins en ville.
   Dans mon quartier on peut visiter le marché.
   Hier, j'ai fait du vélo.
   Jeudi, je vais regarder un film avec ma sœur et ma tante.

44. Shopping
1.
   1. Ma mère va en ville.
   2. Elle achète une chemise.
   3. Je veux trouver des baskets.
   4. Les prix aux magasins sont chers.
2. (a) N (b) N (c) P+N (d) P

45. Shopping for gifts
1. Sample answers:
   T: Où aimes-tu faire les magasins?
   S: J'aime aller au centre-ville.
   T: Qu'est-ce que tu aimes acheter comme cadeau?
   S: J'aime acheter des vêtements.
   T: Et qu'est-ce que tu n'aimes pas acheter?
   S: Je déteste acheter des livres.
   T: Tu as un magasin préféré?
   S: Je préfère les magasins de mode.
   T: Ah.
   S: Qu'est-ce que tu aimes acheter comme cadeau?
   T: Des livres.
2. B, D

46. Everyday life
1. Sample answer:
Chaque jour, je me lève à sept heures et demie et puis je me lave. Avant de quitter la maison, je prends le petit déjeuner, je regarde la télé ou j'envoie des messages à mes amis. Après être arrivé au collège, j'ai toujours quatre cours avant le déjeuner. Normalement, les repas sont excellents. Je rentre chez moi après le dernier cours.
Samedi dernier, je suis allé en ville avec mon frère et nous avons acheté un cadeau pour l'anniversaire de mon père.
À l'avenir, je voudrais habiter à l'étranger, peut-être en France parce qu'il y fait chaud.
2. This evening, I'm going to do my English homework.
   People say that my life is rather simple.
   Yesterday, I decided to spend the day at the beach. It was very pleasant.
   Next weekend, I'll go into town with my family and we'll eat in a little café near the railway station.
   Before going to school, I talk to my friends.

47. Meals at home
1. Sample answer:
Chez moi, je ne prends jamais de petit déjeuner car je n'ai pas faim le matin, mais le soir, j'aime manger de la viande avec beaucoup de légumes. À mon avis, mon père prépare des repas excellents et je les trouve vraiment super.
Hier, nous sommes allés au restaurant et nous avons mangé du poisson avec des frites, mais ma mère nous a dit que c'était mauvais pour la santé.
Demain, nous allons manger un repas spécial car ce sera l'anniversaire de ma sœur. Moi, je préparerai un grand gâteau et on passera un bon moment ensemble.
2. (a) B (b) C (c) C (d) A

48. Celebrations
1. Sample answers:
   1. Il y a quatre personnes.
   2. Je vois un cadeau.
   3. La fille a 18 ans.
   4. Il y a un gâteau.
   5. Tout le monde sourit.
2. (a) Toni's sister
   (b) designer / branded clothes
   (c) a hat
   (d) Her sister is invited to a wedding / marriage. / Her sister wants one.

49. Customs and festivals
1. Sample answers:
T: Tu penses que les fêtes sont importantes? Pourquoi?
S: Les fêtes sont importantes car elles sont traditionnelles et les gens peuvent se reposer.
T: Ah, oui!
T: Quelle fête préfères-tu et pourquoi?
S: Je préfère Noël car c'est amusant.
T: Très bien.
T: Tu voudrais participer à quelle fête?
S: Je voudrais participer à la fête du 14 juillet car j'adore les feux d'artifice.
T: Intéressant.
S: Il y a des festivals dans la région?
T: Oui, il y a deux festivals en juillet.
T: Qu'est-ce que tu penses des festivals de musique?
S: J'aime les festivals de musique. Ils sont super.
2. J'adore les festivals / les fêtes.
   J'aime les événements culturels dans ma ville.
   Mon ami français trouve les concerts intéressants.
   La semaine dernière je suis allé à une fête avec mes copains.
   Je veux visiter Paris le 14 juillet.

50. Cultural attractions
1. Sample answers:
   1. Il y a un grand bâtiment.
   2. Je vois la campagne.
   3. Il y a beaucoup de touristes.
   4. Les touristes regardent le bâtiment.
   5. Il fait beau.
2. (a) B (b) C (c) A

51. Equality in sport
1. L'égalité est très importante.
   Je suis beaucoup de célébrités sportives.
   Je pense que je peux aider les gens.
   Je ne veux pas être riche ou célèbre.
   La semaine dernière j'ai regardé ma célébrité sportive préférée à la télévision.
2. B, D, F

52. Celebrity culture
1. (a) B (b) B (c) A
2. I like watching / to watch celebrities on TV.
   My favourite actor is very funny.
   If I have time, I read articles on singers.
   Last week I went to a concert.
   My parents are never interested in famous people.

53. My favourite celebrity
1. C, E, F
2. J'aime beaucoup chanter.
   Mon artiste préféré(e) est célèbre en France.
   Elle m'inspire car elle est gentille et patiente.

L'année dernière, je suis allé(e) la voir en concert et c'était la meilleure soirée de ma vie!
Je vais écouter sa nouvelle chanson en ligne la semaine prochaine et j'espère que ce sera génial (qu'elle sera géniale).

54. Being famous
1 (a) veux (b) Mon (c) sont (d) aux (e) contentes
2 I like going to concerts with my friends very much.
   My best friend wants to be very famous.
   I hate celebrities on TV.
   Last week, I bought some tickets for a music festival.
   Tomorrow, I'm going to see my favourite actor.

55. Celebrity success
1 Sample answer:
Je crois que les célébrités ont de la chance car ils sont souvent riches et habitent dans de grandes maisons, mais je ne voudrais pas être célèbre parce qu'on doit toujours sourire et on ne peut jamais se relaxer. Il y a des stars qui sont vraiment sympa et j'admire mon acteur préféré, qui s'appelle Marcus Smith, car il est toujours gentil. Je vais aller voir son dernier film au ciné la semaine prochaine. (Grade 7–8)

2 (a) B (b) B (c) C

56. Transport
1 Sample answer:
Sur la première photo, je peux voir quatre personnes. La fille parle à deux garçons qui sont assis dans un train. Les deux garçons ont les cheveux courts. Un garçon écoute de la musique et l'autre a un sac. Il y a aussi un homme plus âgé qui est assis derrière les jeunes. Il regarde par la fenêtre. Je pense que la fille et les garçons sont amis, mais ils ne connaissent pas l'autre homme. Sur la deuxième photo, il y a une jeune femme qui attend un train à la gare. Elle a un sac et elle boit du café.
2 (a) P+N (b) N (c) P (d) P

57. Travel and buying tickets
1 Sample answers:
   1 Il y a deux garçons.
   2 Ils cherchent de l'information.
   3 Ils sont dans une gare.
   4 Je vois un sac.
   5 Ils parlent.
2 A, D, F

58. My region: good and bad
1 Sample answer:
J'aime ma région parce qu'il y a beaucoup de choses à faire et à voir. Par exemple, on peut visiter le vieux château où il y a beaucoup de touristes, surtout en été quand il fait beau. L'année dernière, je suis allé au château avec ma tante et c'était vraiment intéressant. Cependant, il y a trop de bruit au centre-ville et la pollution est un problème sérieux. Je pense qu'on devrait améliorer la ville et je crois qu'il faut avoir plus d'espaces verts.
2 (a) A (b) C (c) A

59. My area in the past
1 (a) B (b) A (c) B
2 (a) dirtier / less clean and papers / litter in street(s)
   (b) safe / less crime and violence / no need to be afraid
   (c) too much pollution

60. Town or country
1 (a) N (b) P (c) P+N

2 Sample answers:
   1 Il y a quatre personnes.
   2 Je vois une famille.
   3 C'est à la campagne.
   4 La femme prépare un repas.
   5 Il fait beau.

61. During the holidays
1 A, B, F
2 Je vais souvent en France avec ma famille.
   Ma mère aime passer des heures sur la plage.
   L'année dernière, mes amis et moi sommes allés au Canada où il y avait du soleil et où nous avons visité plusieurs lacs.
   Le week-end prochain je vais visiter le chateau à la campagne.
   À l'avenir, je voudrais habiter à l'étranger.

62. Abroad
1 (a) N (b) M (c) M (d) F (e) N (f) F
2 Sample answer:
Selon moi, les vacances sont très importantes car on peut éviter les problèmes de la vie quotidienne. J'aime découvrir d'autres pays et essayer les repas traditionnels de chaque pays. Je crois aussi qu'il est très important de passer du temps en famille et en vacances, tout le monde est plus heureux et on peut mieux s'entendre. L'année dernière, je suis allé au Canada et c'était vraiment génial. Après être arrivés, on est allés à l'hôtel où les chambres étaient étonnantes. On a passé de bons moments ensemble. La meilleure journée était le premier samedi quand on a nagé avec des poissons et qu'on a parlé pendant des heures avec les habitants de la région. Quand on devait rentrer chez nous, j'étais un peu triste car les vacances étaient vraiment agréables et à l'avenir, je voudrais bien encore visiter le Canada. C'est un beau pays où les gens sont gentils. (Grade 8–9)

63. Types of holiday
1 Sample answers:
   1 Il y a six personnes.
   2 Je vois la plage.
   3 Ils sont contents.
   4 L'homme porte de la nourriture.
   5 Il fait beau.
2 A, D, E

64. Where to stay
1 A, E, F
2 Read aloud text and sample answers to follow-on questions:
   (a) J'adore faire du camping car j'aime bien passer du temps à la campagne parce que c'est bon pour la santé.
   (b) Quand je vais en vacances, j'aime partir avec ma famille car on s'entend bien et mes parents sont très amusants.
   (c) Dans ma région, on peut visiter le vieux château qui est vraiment intéressant et les touristes aiment aussi passer du temps sur la plage, surtout s'il fait beau. On peut y faire de la natation et c'est génial.
   (d) En vacances, je pense qu'il faut se reposer après avoir travaillé dur et il est important de se relaxer en lisant un livre ou en regardant un bon film.

65. Booking accommodation
1 (a) est (b) reste (c) la (d) adore (e) aller
2 (a) 16th April
   (b) on the 3rd floor
   (c) her father is disabled
   (d) 8.00 pm
   (e) hotel closing times

66. Holiday activities
1 Sample answer:
Quand je suis en vacances, j'aime visiter les bâtiments célèbres ou aller aux musées car l'histoire m'intéresse beaucoup. Cependant, mon activité préférée en vacances est d'essayer les repas des pays que je visite parce que je crois que c'est important d'avoir de nouvelles expériences.
Il y a un mois, j'ai passé mes vacances d'été en Tunisie avec ma famille et nous avons fait des sports dangereux. C'était vraiment passionnant!
L'année prochaine, je vais regarder un match de football en Angleterre car j'aimerais voir mon équipe de foot préférée. (Grade 5–6)
2 Sample answer:
Sur la première photo, il y a une famille qui joue au football dans un parc. Je peux voir six personnes et ils sont contents. Il y a aussi beaucoup d'arbres. Sur la deuxième photo, il y a cinq personnes qui sont en train de visiter une ville. On peut voir un château et je crois qu'ils vont le visiter ensemble. Une fille cherche dans son sac et trois jeunes écoutent l'homme qui parle.

67. Trips and excursions
1 I love visiting / going to visit historic towns.
Nature interests me a lot.
I'm going to travel abroad with my family.
Last week I went to a beautiful village.
My little brother likes the view of / from the bridge.
2 (a) A (b) B (c) A (d) C

68. Asking for help or directions
1 (a) vais (b) l' (c) prenez (d) en (e) mes
2 (a) A (b) B (c) A

69. Tourist information
1 (a) B (b) A (c) B (d) C
2 Read aloud text

70. Holiday problems
1 B, D, F
2 (a) plane
 (b) 12.00 / midnight
 (c) Toni left her money in her bedroom / her aunt lost her coat
 (d) they were sick / ill and her aunt saw / went to see the doctor

71. Accommodation problems
1 A, B, F
2 J'aime aller en vacances mais il y a souvent des problèmes de logement.
En juillet, j'ai passé une semaine dans un mauvais hôtel avec mon oncle préféré.
Ma chambre n'était pas propre et le soir, il y avait trop de bruit dans le restaurant.
L'année prochaine, je voudrais faire du camping.
Il est important de se relaxer en vacances.

72. The weather
1 J'aime quand il fait chaud.
Je vais à la plage avec mes amis le week-end.
Quand il fait mauvais je reste à la maison / chez moi.
La semaine dernière, il y avait de la neige chaque jour.
S'il fait froid, je suis triste.
2 (a) B (b) A (c) A

73. Visiting a city
1 Sample answer:
Il y a deux jours, je suis allé dans une grande ville qui se trouve dans le sud de l'Angleterre et c'était vraiment amusant. J'ai voyagé en train et, après être arrivé à la gare, j'ai rencontré mon meilleur ami qui y vit. D'abord, nous avons passé quelques heures à faire des achats. C'était excellent d'aller dans plusieurs magasins différents car dans ma ville, on n'a pas beaucoup de magasins différents. Puis nous avons passé un après-midi intéressant au musée d'histoire avant de manger un repas excellent dans un restaurant en banlieue. Je suis rentré tard et j'étais très fatigué. La pollution et les déchets dans les rues étaient nuls, pourtant je voudrais bien y retourner. (Grade 8–9)
2 Sample answer:
Sur la première photo, il y a des jeunes qui visitent une grande ville. Il y a un grand bâtiment. Il pleut et les personnes marchent sur la place.
Il y a un magasin à gauche où on peut acheter des cadeaux. Sur la deuxième photo, il y a deux personnes près de la mer. Ils regardent beaucoup de grands bâtiments et je crois qu'il y a du soleil et le ciel est bleu.

74. Me and my mobile
1 Sample answer:
Sur la première photo, il y a trois jeunes – deux garçons et seulement une fille, dans la rue. Ils regardent le portable de la fille au centre de la photo et je pense qu'il y a une surprise sur son portable. Il semble peut-être qu'ils ont vu quelque chose d'étonnant. À mon avis, les trois personnes sont étudiants car ils portent un sac. Je dirais qu'ils sont amis. Sur la deuxième photo, il y a un jeune qui regarde son portable. Je pense que sa mère n'est pas contente parce qu'elle veut lui parler.
2 (a) J (b) A (c) J (d) T (e) A (f) T

75. Social media
1 Sample answers:
 (a) J'aime les réseaux sociaux car on peut parler avec des amis et je trouve ça génial. Pourtant, il y a des risques et on doit protéger son identité. (Grade 4–5)
 (b) Je passe trois heures en ligne chaque jour. Ma mère a dit que je dois essayer de passer moins de temps sur Internet car c'est mauvais pour la santé et les yeux. (Grade 5)
2 (a) essential in his daily life
 (b) bullying / harassment and identity theft
 (c) an interesting video on helping the poor in Madagascar
 (d) smile

76. The internet
1 Sample answers:
T: Que penses-tu d'Internet et pourquoi?
S: J'aime Internet car c'est intéressant.
T: Qu'est-ce que tu as fait en ligne hier?
S: J'ai parlé avec mes amis et j'ai regardé un film.
T: Quand est-ce que tu utilises Internet?
S: Je vais en ligne tous les soirs.
T: Quels sont les inconvénients d'Internet?
S: C'est dangereux.
T: Je suis d'accord.
S: Tu aimes la technologie?
T: Oui, c'est amusant.
2 Sample answer:
Je télécharge de la musique, je regarde des films en ligne et j'utilise mon portable tous les jours pour tchatter en ligne avec mes copains. Je déteste les réseaux sociaux car ils sont nuls. Je passe trois heures sur Internet chaque jour car c'est amusant, mais il y a des dangers comme le risque d'être harcelé. (Grade 4)

77. Computer games

1 Sample answer:
Sur la première photo, il y a deux jeunes gens qui participent à des jeux en ligne. Il y a une femme et un homme. Ils sont dans la maison. Tous les deux ont les cheveux noirs. À mon avis, la femme est en train de perdre au jeu, mais elle veut vraiment gagner.
Sur la deuxième photo, il y a trois jeunes hommes. Deux hommes jouent en ligne et un homme mange. Il me semble qu'ils sont tous contents.
2 (a) B (b) B (c) A

78. Pros and cons of technology

1 (a) not take risks
   (b) identity theft
   (c) go online after 8 pm
2 A, D, F

79. The natural world

1 Sample answers:
   1 Il y a cinq personnes.
   2 Ils marchent.
   3 Ils sont à la campagne.
   4 Il fait beau.
   5 Ils portent un sac.
2 C, E, F

80. Spending time in the countryside

1 Read aloud text and sample answers for follow-on questions:
   (a) À la campagne, j'aime faire du vélo avec mes copains et j'adore regarder les oiseaux et les fleurs.
   De temps en temps je fais des promenades avec ma famille. C'est génial.
   (b) J'adore la nature et j'aime bien regarder le paysage excellent près de ma ville. Je m'intéresse beaucoup aux animaux.
   (c) Il n'y a pas de bus et il est difficile de faire des achats à la campagne. Je pense que c'est un peu trop tranquille aussi.
   (d) Je veux vivre à la campagne car il n'y a pas de pollution et j'aime faire de la natation dans un lac ou dans une rivière. Je trouve ça super.
2 (a) C (b) A (c) C

81. The environment and me

1 (a) F (b) P (c) N
2 Je veux aider l'environnement car je pense que c'est très important.
Je recycle toujours le papier et le verre.
La semaine dernière, mes amis / copains ont utilisé des vieux sacs en plastique au supermarché.
On doit réduire la circulation dans les villes.
Je vais arrêter de voyager en voiture à l'avenir.

82. Local environmental issues

1 (a) by bus (b) by car (c) a car (d) clean
2 A, C, E

83. Global environmental issues

1 1 Je recycle le métal.
   2 Je prends toujours le bus.
   3 Il faut aider les animaux.
   4 Mon grand-père déteste la pollution.
2 (a) environmental disasters / catastrophes (that have happened in different countries)
   (b) climate change problems / more than 50,000 animals died
   (c) endangered species
   (d) throw away rubbish
   (e) they will eat plastic and might become ill

84. Caring for the planet

1 Sample answers to follow-on questions:
   (a) Selon moi, nous devons parler au gouvernement qui peut commencer à réduire la pollution et arrêter le changement causé par le climat. Si tout le monde fait quelque chose, nous pouvons réussir, mais si on ne fait rien, la planète est en danger.
   (b) Récemment, ma famille et moi avons commencé à recycler plus qu'avant. Nous recyclons le papier et le plastique depuis quelques années, mais le mois dernier ma mère nous a demandé de recycler aussi les vêtements qu'on ne porte plus. Donc mon frère et moi, nous avons apporté nos vieux vêtements aux magasins qui les vendent aux gens qui n'ont pas beaucoup d'argent. Nos vêtements aident les pauvres et ils ne sont plus jetés comme les déchets. C'est mieux pour la planète!
   (c) Pour sauver notre planète, je vais prendre le bus pour aller au collège. Je pense que si nous réduisons le nombre de voitures dans nos rues, on va réduire la pollution en ville. Cela vaut la peine à mon avis, parce que c'est meilleur pour la santé et aussi tout le monde serait plus content s'il y avait moins de circulation. (Grades 8–9)
2 I like my family and my friends a lot.
The planet is very important for me.
We must help organisations / charities / associations to save the planet.
Yesterday I recycled some plastic (things).
In the future, I'm going to protect endangered animals.

85. A greener future

1 Sample answer:
Dans ma région, il y a beaucoup de trains et de bus mais les gens utilisent trop les voitures et je pense que c'est nul car il y a beaucoup de pollution en ville. À mon avis, les transports en commun sont excellents parce que les bus sont toujours propres et les trains ne sont pas en retard.
La semaine dernière, je n'ai pas utilisé de sacs en plastique au supermarché et j'ai recyclé des sacs en papier. À l'avenir, je vais acheter un nouveau vélo car je ne voudrais pas utiliser de voitures car elles polluent. (Grade 5)
2 (a) extinction of species and not enough green spaces
   (b) build
   (c) serious

86. Practice for Paper 1: Listening

1 B, C, E
2 (a) A (b) A (c) B (d) C (e) C
3 (a) seaside (b) south-west of France
4 (a) N (b) P (c) P+N

87. Practice for Paper 1: Listening

1 B, D, E
2 (a) A (b) B (c) A (d) B (e) A (f) C
3 1 J'aime faire de l'équitation.
   2 Je joue souvent au hockey.
   3 Il faut être souvent actif.
   4 J'ai choisi un régime qui est vraiment sain.
   5 J'éviterai de manger du poisson.

88. Practice for Paper 2: Speaking

1 Sample answers:
T: Où aimes-tu aller avec tes amis?
S: J'aime aller au cinéma.
T: Intéressant.
T: Quel est ton passe-temps préféré?
S: Je préfère jouer au football.
T: Qu'est-ce que tu aimes faire avec ta famille?
S: J'aime faire du vélo.

T: Très bien.
S: Qu'est-ce que tu aimes faire le week-end?
T: J'aime écouter de la musique.
T: Décris une personne dans ta famille.
S: Mon père est grand.
2 Read aloud and sample answers to follow-on questions:
  (a) J'aime faire du vélo avec mes copains le week-end car c'est très bon pour la santé. On passe de bons moments ensemble.
  (b) Je m'entends bien avec ma famille. Mon père est vraiment sympa et ma mère m'aide beaucoup. Mon petit frère est agréable et nous regardons la télé tous les soirs. C'est super.
  (c) J'adore sortir avec mes amis le week-end. On va souvent en ville où on fait les magasins. Le soir je sors de temps en temps au cinéma avec mon meilleur copain et nous aimons regarder des films amusants.
  (d) Mon passe-temps préféré c'est jouer au foot. Je joue pour une équipe locale et nous gagnons beaucoup de matchs. Je crois que c'est génial.

3 Sample answer:
Sur la première photo je peux voir une salle de classe avec cinq élèves et une professeure qui a un livre. Elle parle aux jeunes. Les élèves portent un uniforme scolaire. Ils écrivent et ils sont contents. Sur la deuxième photo il y a trois étudiantes qui étudient l'informatique. Une fille a un ordinateur portable et elle a aussi des livres. Elle est très heureuse.

Sample answers for extended conversation:
(a) Il y a beaucoup de clubs scolaires. Moi, je vais au club de foot après les cours le mercredi parce que je suis très sportif et j'aime jouer avec mes amis.
(b) Hier au collège j'ai étudié le français et c'était génial. J'ai parlé avec mes amis et j'ai mangé des frites. J'ai trouvé le repas excellent. L'après-midi j'ai eu deux cours de sport où on a joué au foot.
(c) À l'avenir je vais aller à l'université car je voudrais être professeur de sport parce que j'aime aider les jeunes et je suis vraiment sportif.

89. Practice for Paper 2: Speaking
1 Sample answers:
T: Décris ta région.
S: J'habite dans une petite ville qui est au bord de la mer.
T: Ah oui? Qu'est-ce qu'il y a pour les touristes?
S: On peut visiter le château et il y a une grande tour aussi.
T: Qu'est-ce que tu as fait récemment dans ta région et pourquoi?
S: Hier, je suis allé à la plage car je voulais faire de la natation.
S: Comment est ta région?
T: J'habite un petit village tranquille.
T: Qu'est-ce que tu n'aimes pas dans ta région?
S: Je déteste le bruit.

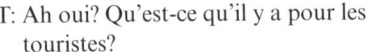

2 Sample answers to follow-on questions:
  (a) J'aime manger du poisson car c'est bon pour la santé. De temps en temps je mange du poulet avec des frites. Je trouve ça excellent.
  (b) Je pense qu'il ne faut pas manger de viande mais je ne veux pas devenir végétarien car je pense qu'un peu de viande est bon pour la santé.

  (c) J'aime sortir avec mes copains le soir pour jouer au football quand je n'ai pas de travail scolaire. Je suis assez sportif et le samedi je vais à la piscine avec mon meilleur ami et le dimanche, je fais du vélo avec mes parents et ma sœur.
  (d) Je déteste les cigarettes car c'est nul. Ma mère fume et elle n'est pas en forme. Je pense qu'il est important de ne pas fumer parce que c'est mauvais pour la santé.

3 Sample answer:
Sur la première photo, je peux voir une famille à table dans un jardin. Je crois qu'il fait beau. Il y a six personnes qui vont manger un repas préparé par le père. Sur la table il y a des légumes et des verres d'eau, et tout le monde est en train de sourire parce qu'ils sont très contents. Sur la deuxième photo, il y a trois jeunes qui font du vélo à la campagne. Il fait beau aussi et ils sont heureux.

Sample answers for extended conversation:
(a) Dans ma famille, il y a cinq personnes – mes parents, mon frère qui a douze ans et qui s'appelle Lucas, ma sœur qui est très grande, et moi. Je m'entends bien avec ma mère car elle me respecte, mais de temps en temps je trouve mon père un peu difficile puisqu'il est trop strict.
(b) La semaine dernière, je suis allé en ville avec mes copains. Après y être arrivés en bus, nous avons fait les magasins et j'ai réussi à acheter un petit cadeau pour ma meilleure copine qui aura bientôt seize ans. Avant de rentrer, nous avons pris un repas excellent dans un petit café près de la gare.
(c) À l'avenir, je voudrais travailler pour une association qui aide les pauvres ou les animaux. Je pense qu'il est vraiment important d'aider les autres et je vais essayer d'améliorer la vie des gens.

90. Practice for Paper 3: Reading
1 (a) E (b) A (c) A (d) C (e) E (f) C
2 (a) not nice / not sunny (b) an art museum and a castle (c) the stadium

91. Practice for Paper 3: Reading
1 (a) B (b) C (c) A (d) B (e) A
2 (a) C (b) A (c) visited a museum (d) free

92. Practice for Paper 4: Writing
1 Sample answers:
  1 Il y a six personnes.
  2 Un garçon a un portable.
  3 Une fille a les cheveux noirs.
  4 Il y a trois sacs.
  5 Ils sont contents.
2 Sample answer:
Les bâtiments de mon école sont modernes et mes professeurs sont très gentils. Ma matière préférée c'est l'anglais car j'adore lire et mon prof est super. Les repas au collège ne sont pas bons et je déteste manger les frites parc qu'elles sont nulles. Les règles sont justes mais je n'aime pas porter mon uniforme scolaire.
3 (a) commence (b) a (c) noirs (d) au (e) sommes
4 J'aime ma ville.
  Ma maison est très grande.
  Ma sœur joue au foot dans le jardin.
  La semaine dernière, je suis allé(e) aux magasins avec mon frère.
  Ils / Elles peuvent faire du vélo samedi à la campagne.

93. Practice for Paper 4: Writing
1 Sample answer:
À mon avis, les vacances sont importantes puisqu'il faut se relaxer après avoir beaucoup travaillé pendant l'année. On peut aussi se faire de nouveaux amis. Je crois qu'aller à l'étranger est amusant parce qu'on peut découvrir la culture d'un autre pays et même apprendre une autre langue.

L'année dernière, je suis allé à Paris avec ma famille et nous avons passé de bons moments ensemble. On a choisi un hôtel excellent et il faisait chaud, alors j'ai pu nager dans la piscine.
En été, nous irons au Canada et j'ai l'intention de parler français avec les gens.

2 Sample answer:
J'ai un portable que j'adore et je crois que ma vie serait très difficile sans la technologie. J'ai aussi un ordinateur que j'utilise tous les jours. Internet est important car on peut envoyer des messages et des e-mails chaque jour, ce qui permet de communiquer avec des copains et la famille. Cependant, il y a des problèmes et on peut être harcelé en ligne et il y a aussi des risques comme le vol d'identité. Mon père pense qu'Internet est très dangereux.
La semaine dernière, j'ai regardé un film en ligne avant de télécharger des chansons que j'ai écoutées samedi soir dans ma chambre. J'ai aussi décidé de parler avec mon copain qui habite en Martinique. J'ai fait des jeux sur Internet car j'aime bien tchatter et jouer avec mes copains. J'ai mis des photos de mes dernières vacances sur mon réseau social préféré et j'ai regardé un film passionnant avec mon frère.

3 J'aime aller à l'école.
Il est important de travailler dur.
Je fais toujours mes devoirs dans ma chambre avant de manger.
La semaine dernière mes amis et moi sommes allés au musée en ville.
À l'avenir, je vais étudier à l'université car je veux trouver un très bon emploi.

94. Articles 1

A
1 les magasins
2 la maison
3 les toilettes
4 l'hôtel
5 les cinémas
6 le musée
7 la gare
8 le pont
9 les rues
10 l'appartement

B 1 un 2 une 3 une 4 un 5 une 6 une 7 un 8 un

C *le chien* – les chiens; *un château* – *des châteaux*; *l'animal* – *les animaux*, *une voiture* – des voitures; *le corps* – *les corps*; *le bateau* – *les bateaux*; *un hôtel* – *des hôtels*; *l'arbre* – les arbres; *une page* – des pages; *l'eau* – les eaux; *une piscine* – *des piscines*; *la ville* – les villes.

95. Articles 2

A 1 du 2 de l' 3 des 4 du 5 des 6 du 7 des 8 de la 9 du 10 des

B 1 Je n'ai pas de fruits. I have no fruit. 2 Je n'ai pas de thé. I have no tea. 3 Je n'ai pas d'eau. I haven't any water. 4 Je n'ai pas de viande. I haven't any meat. 5 Je n'ai pas de fromage. I have no cheese.

C 1 à la 2 au 3 aux 4 à la 5 à la 6 au 7 à l' 8 aux 9 à l' 10 au

96. Adjectives

A
1 Ma mère est petite.
2 Mon père est grand.
3 Ma maison est belle.
4 Mon chien est noir.
5 Elle est heureuse.
6 Les fenêtres sont chères.

B 1 grand 2 blancs 3 travailleuse 4 sportifs 5 tristes 6 agréable

C

grand	grande	**grands**	grandes	big / tall
petit	petite	**petits**	**petites**	**small**
noir	**noire**	noirs	**noires**	**black**
nouveau	nouvelle	**nouveaux**	nouvelles	**new**
dernier	**dernière**	derniers	**dernières**	last
juste	**juste**	justes	**justes**	**fair**
triste	**triste**	tristes	**tristes**	sad
sérieux	**sérieuse**	sérieux	**sérieuses**	**serious**
gentil	gentille	**gentille**	gentils	**kind**
actif	active	**actifs**	**actives**	**active**
drôle	**drôle**	drôles	**drôles**	funny
vieux	vieille	**vieux**	vieilles	funny
beau	belle	beaux	**belles**	**beautiful**
ancien	**ancienne**	anciens	**anciennes**	ancient
blanc	**blanche**	blancs	**blanches**	white
sportif	sportive	**sportifs**	sportives	**sporty**

D
1 Elle a de beaux yeux bleus.
2 Les meilleures fleurs jaunes.
3 Mes vieux pantalons blancs.
4 Mes chers parents malades.

97. Possessives

A
1 Dans **ma** famille, il y a **mon** père, **ma** mère, **ma** sœur et **mes** deux frères. **Ma** grand-mère vient souvent nous chez nous avec **mon** grand-père. **Mon** amie adore **mes** grands-parents.
2 Dans **sa** chambre, elle a **son** lit, **ses** livres, **son** bureau, **sa** télévision, **ses** vêtements, **son** portable et **son** sac.
3 Dans **notre** collège, nous avons **nos** professeurs, **notre** bibliothèque, et **notre** cour. Et vous, qu'est-ce que vous avez dans **votre** collège et dans **vos** salles de classe? Vous avez **vos** tableaux blancs et **votre** piscine?
4 (a) ton, ta, (b) ton, (c) ton, (d) ta, ton
5 Dans leur ville, ils ont **leur** hôtel, **leurs** cinémas, **leur** synagogue, **leur** boulangerie, **leurs** cafés, **leur** hôpital, **leur** école et tous **leurs** petits magasins.

B Sample answers:
Mon fromage est très bleu; Nos amies ne sont pas très tristes; Leurs photos sont assez tristes; Vos gâteaux sont très justes.

98. Comparisons

A Lucie est la plus grande. Sofiane est le moins grand.
B Sample answers: Anna est pire qu'Antoine en français. Anna est la meilleure en technologie.
C
1 Philippe est aussi grand que Sara. = Philippe is as tall as Sara.
2 Les maths sont plus difficiles que la musique. = Maths is more difficult than music.
3 Les frites sont moins saines que les fruits. = Chips are not as healthy as fruit.
4 Une cravate est moins confortable qu'un pantalon. = A tie is less comfortable than trousers.
5 La science est aussi intéressante que l'anglais. = Science is as interesting as English.

99. Other adjectives and pronouns

A 1 cette 2 ce 3 cette 4 ces 5 ce 6 cette 7 ces 8 cet 9 cette 10 cet
B 1 quelle 2 quelle 3 quel 4 quel 5 quelles 6 quels 7 quel 8 quels
C 1 quelque 2 quelques 3 autre 4 autre 5 quelque 6 autres 7 quelques 8 autres

100. Adverbs

A 1 heureusement 2 extrêmement 3 probablement 4 vraiment 5 certainement 6 complètement

B Le matin, <u>d'abord</u>, je me lève à sept heures, <u>puis normalement</u>, je prends mon petit déjeuner. <u>Ensuite</u>, je quitte la maison et <u>finalement</u>, j'arrive au collège à huit heures et demie. Mais c'est <u>souvent</u> trop tôt. <u>Alors</u>, <u>à l'avenir</u>, je vais rester au lit plus longtemps.
In the morning, first I get up at 7 o'clock then usually I have my breakfast. Then I leave the house. Finally, I arrive at school at half past eight, but it is often too early. So, in the future, I am going to stay in bed longer.

C <u>Souvent</u> mes grands-parents viennent avec nous, et c'est <u>vraiment</u> pratique car ils font <u>régulièrement</u> du baby-sitting. Cependant, <u>parfois</u>, ils se sentent <u>vraiment</u> fatigués et ils ne sont pas <u>toujours</u> à l'aise, <u>donc</u> ils ne viendront pas l'année prochaine. À l'avenir, ils viendront <u>seulement</u> s'ils sont absolument en forme!

D Sample answers:
J'aime <u>toujours</u> les fêtes.
Nous jouons <u>souvent</u> de la musique <u>ensemble</u>.
L'examen était <u>vraiment</u> difficile.
Elle joue <u>souvent</u> / <u>régulièrement</u> au football dans un club.

101. Object pronouns
A 1 We see you.
2 Do you know him?
3 I want to see her.
4 You meet us.
5 She will forget you.
6 I will lose them.

B 1 I am passing my books to you.
2 Don't speak / talk to him.
3 We will give him / her a mobile phone.
4 He is going to send us a present.
5 You will tell them the story.

C 1 Vous comprenez le professeur? Nous le comprenons souvent.
2 Elle aime les sports d'hiver? Elle ne les aime pas du tout.
3 Tu vas vendre ton vélo? Oui, je vais le vendre demain.
4 Il veut acheter la maison? Non, il ne veut pas l'acheter.

D 1 Il les cherche.
2 Nous lui envoyons un cadeau.
3 Il leur a donné des livres.
4 Tu leur as téléphoné?

102. More pronouns: *y* and *en*
A 1 Il va y habiter.
2 Elle y a vu ses amis.
3 Vous y jouez?
4 J'y suis arrivé avant les autres.
5 Tu y es allée ce matin?

B 1 J'en fais beaucoup.
2 Elle n'en fait pas.
3 Non, j'en ai trois.
4 Ils en mangent tous les samedis.
5 Il y en a plusieurs.

C 1 J'y vais de temps en temps.
2 … et j'en mange beaucoup.
3 … je n'en mange jamais …
4 … j'y suis allé …
5 … tu veux y aller …?
6 … mon frère n'en mange pas …

103. Other pronouns
A 1 Le repas que j'ai pris était excellent.
2 C'est Claude qui est le plus beau.
3 Ce sont mes parents qui adorent la viande.
4 Voilà le stylo qu'il a perdu.
5 Où sont les sacs qui sont bleus?
6 La tour que j'ai visitée était vieille.
7 L'homme qui monte dans le train est petit.
8 Ma copine qui s'appelle Mathilde a seize ans.
9 Quel est le film que tu veux voir?

B 1 Le repas que nous avons mangé était excellent. = The meal that we ate was excellent.
2 Les frites? J'en ai mangé beaucoup. = Chips? I have eaten lots of them.
3 Le café où je vais le samedi est fermé. = The café where I go on Saturdays is closed.
4 Le cinéma Gaumont? J'y suis allée pour voir 'Les Minions'. = The Gaumont cinema? I went there to see 'Les Minions'.

104. Present tense: *-er* verbs
A aimer: j'aime, nous aimons, ils aiment
jouer: je joue, nous jouons, ils jouent
habiter: j'habite, nous habitons, ils habitent
regarder: je regarde, nous regardons, ils regardent
donner: je donne, nous donnons, ils donnent
inviter: j'invite, nous invitons, ils invitent
marcher: je marche, nous marchons, ils marchent
trouver: je trouve, nous trouvons, ils trouvent
voler: je vole, nous volons, ils volent
parler: je parle, nous parlons, ils parlent

B 1 vous parlez
2 elle invite
3 tu habites
4 nous trouvons
5 il regarde
6 vous marchez
7 tu donnes
8 elle quitte
9 il joue
10 ils / elles regardent

C *-ger* verbs:
1 ils rangent
2 nous téléchargeons
3 nous nageons
4 je mange
-yer verbs:
5 tu envoies
6 vous payez
7 j'essaie
8 nous envoyons
-ler / *-ter* verbs:
1 je m'appelle
2 ils jettent
3 nous nous rappelons
4 elle s'appelle
acheter-type verbs:
5 tu achètes
6 elles préfèrent
7 vous vous levez
8 il achète

D 1 Ils habitent en France? Do they live in France?
2 Marie mange sa chambre? Does Marie tidy her room?
3 Vous préférez la science? Do you prefer science?
4 Les sœurs jettent les fruits? Do the sisters throw out the fruit?
5 Mon copain et moi achetons des frites? Are my friend and I buying chips?

105. Present tense: *-ir* and *-re* verbs
A finir – to finish; prévenir – to warn; remplir – to fill; réagir – to react; réussir – to succeed; obtenir – to obtain; choisir – to choose; réfléchir – to think about

B

	dormir	sortir
je	**dors**	sors
tu	**dors**	**sors**
il / elle	**dort**	sort
nous	**dormons**	sortons
vous	**dormez**	sortez
ils / elles	**dorment**	**sortent**

C 1 L'ami choisit un cadeau.
2 Vous courez aux magasins.
3 Nous finissons nos devoirs.
4 Je remplis le verre de vin.

D

	vendre	prendre	traduire
je	**vends**	**prends**	traduis
tu	vends	**prends**	traduis
il / elle	vend	prend	traduit
nous	**vendons**	prenons	traduisons
vous	**vendez**	prenez	**traduisez**
ils / elles	vendent	**prennent**	**traduisent**

E 1 nous vendons
2 ils répondent
3 je descends
4 tu prends
5 vous buvez
6 elle lit
7 je traduis
8 il comprend

106. *Avoir* and *être*
A 1 Elle a un ami.
2 J'ai les cheveux blonds.
3 Ils ont une grande maison.
4 Il a onze ans.
5 Nous avons un petit appartement.
6 Vous avez un beau chien.
7 Ma sœur a une jupe rouge.
8 Les filles ont un problème.
9 Tu as deux livres.
10 Vous avez une nouvelle maison.

B 1 Ils / Elles ont trois chiens.
2 Tu as une sœur?
3 Elle a les cheveux noirs.
4 Nous avons une grande cuisine.

    5 J'ai trois enfants.
    6 J'ai seize ans.
    7 Il a une voiture.
  C 1 Je suis français.
    2 Nous sommes paresseux.
    3 Ma tante est assez petite.
    4 Vous êtes sportif mais timide.
    5 Mes yeux sont bleus.
    6 Tu es content?
    7 Les chiens sont grands.
    8 Je suis au chômage.
    9 Nous sommes canadiens.
    10 Il est agréable.
  D Sample answers:
    L'homme est un professeur amusant. Les filles sont canadiennes et elles ont les cheveux longs.

107. Reflexive verbs
A 1 me 2 te 3 se 4 s'
B 1 Je me suis couché(e). 2 Elle s'est mariée. 3 Nous nous sommes levé(e)s. 4 Il s'est demandé. 5 Ils se sont ressemblés.
C 1 F 2 A 3 D 4 B 5 H 6 C 7 E 8 G

108. Other important verbs
A
	devoir	pouvoir	vouloir	savoir
je	dois	**peux**	**veux**	sais
tu	**dois**	peux	**veux**	**sais**
il / elle / on	**doit**	peut	veut	**sait**
nous	devons	**pouvons**	**voulons**	savons
vous	**devez**	**pouvez**	voulez	**savez**
ils / elles	**doivent**	peuvent	**veulent**	**savent**

B 1 Pouvez-vous aider mon père?
  2 Sais-tu nager?
  3 Mes parents veulent acheter une nouvelle maison.
  4 On doit toujours faire ses devoirs
  5 Voulez-vous danser avec moi ce soir?
  6 Elle sait déjà lire et écrire.
C 1 Elle veut trouver une chambre et nous aussi, nous voulons trouver une chambre.
  2 Les élèves peuvent emprunter un vélo et toi aussi, tu peux emprunter un vélo.
  3 Le professeur doit tout écrire et vous aussi, vous devez tout écrire.
  4 Elle sait faire la cuisine et eux aussi, ils savent faire la cuisine.
  5 Je peux faire du vélo et elles aussi, elles peuvent faire du vélo.
  6 Il ne peut jamais comprendre les règles et vous non plus, vous ne pouvez jamais 7 emprendre les règles.
  7 Nous savons préparer le dîner et moi aussi, je sais préparer le dîner.
D Sample answers: On ne doit pas manger en classe. On ne veut pas répondre aux professeurs. On peut dormir en classe. On ne sait pas envoyer des textes.

109. Perfect tense 1
A Sample answers: J'ai vendu la maison. Elle a détesté le bateau. Nous avons fini les devoirs.
B 1 Elle a invité sa copine au match.
  2 Vous avez fini le repas?
  3 Ils ont travaillé au collège.
  4 Il a beaucoup neigé ce matin.
  5 Tu n'as pas mangé de légumes?
  6 Nous avons choisi un bon restaurant.
  7 Elle n'a pas oublié son livre.
  8 Ils ont attendu à l'aéroport.
  9 J'ai visité le musée.
  10 Nous n'avons pas entendu le bruit.
C 1 Nous n'avons pas perdu l'argent.
  2 Ils / Elles n'ont pas lavé le bus.
  3 Vous n'avez pas attendu les chiens.
  4 Je n'ai pas fini le pain.
  5 Elle n'a pas vendu le bateau.
  6 Il n'a pas détesté les devoirs.
D 1 J'ai mis le livre sur la table.
  2 Elle a écrit à son frère.
  3 Tu n'as rien fait au collège?
  4 Il n'a pas reçu ma lettre.
  5 Nous avons pu acheter une voiture.
E 1 J'ai compris la situation.
  2 Il a vu un chien.
  3 Tu as pris un bus à la gare?
  4 Qu'est-ce que tu as fait?

110. Perfect tense 2
A 1 Elle est tombée.
  2 Mes copains sont arrivés trop tard.
  3 Les chats sont montés sur la table.
  4 Marie n'est pas descendue vite.
  5 Emma est allée à la piscine.
  6 Vous êtes retournés en France?
  7 Je ne suis pas parti tôt.
  8 Elles sont entrées dans la maison.
B 1 Élise est arrivée à 11 heures.
  2 Il est allé au collège.
  3 Nous sommes entrés, tous les garçons, dans le magasin.
  4 Marie n'est rentrée qu'à minuit.
  5 Mes stylos ne sont pas tombés.
  6 Il est sorti avec sa sœur.
C 1 elles sont montées très vite
  2 je suis arrivé(e)
  3 ils ne sont pas tombés
  4 elle est allée en ville
D je me suis lavé(e)
  tu **t'**es **lavé(e)**
  il **s'est lavé**
  elle **s'est** lavée
  nous **nous** sommes **lavé(e)s**
  vous **vous êtes lavé(e)s**
  ils se **sont** lavés
  elles **se sont lavées**
E 1 Ils se sont levés à 7 heures. 2 Je me suis bien entendu(e) avec mon frère. 3 Elle se sont intéressées à l'histoire. 4 Elle s'est reposée sur la plage.

111. Imperfect tense
A 1 *jouer*
   je jouais
   nous jouions
   ils jouaient
  2 *finir*
   je finissais
   nous finissions
   ils finissaient
  3 perdre
   je perdais
   nous perdions
   ils perdaient
  4 avoir
   j'avais
   nous avions
   ils avaient
  5 être
   j'étais
   nous étions
   ils étaient
  6 boire
   je buvais
   nous buvions
   ils buvaient
  7 aller
   j'allais
   nous allions
   ils allaient
  8 partir
   je partais
   nous partions
   ils partaient
  9 faire
   je faisais
   nous faisions
   ils faisaient
  10 lire
   je lisais
   nous lisions
   ils lisaient
  11 savoir
   je savais
   nous savions
   ils savaient
  12 prendre
   je prenais
   nous prenions
   ils prenaient
B 1 elle attendait
  2 ils écrivaient
  3 il dormait
  4 je regardais
  5 elles étaient contentes

C 1 Je jouais avec mon petit frère sur la plage. = I used to play with my little brother on the beach.
2 Nous mangions très souvent ensemble. = We used to eat together very often.
3 Il travaillait dans l'école. = He used to work in the school.
4 On vendait beaucoup de glaces. = They used to sell lots of ice-cream.
5 Ils faisaient du vélo. = They used to do cycling.
6 Tu étais très content. = You used to be happy.
D J'allais au collège quand j'ai vu mon ami. Il y avait beaucoup de gens. J'ai dit « Bonjour ».

112. Future tense
A 1 Il va sortir ce soir. = He is going to go out this evening.
2 Nous allons vendre la maison. = We are going to sell the house.
3 Vous allez bientôt comprendre. = You are going to understand soon.
4 Tu vas partir en vacances. = You are going to go away on holiday.
5 Ma mère va voir un concert. = My mum is going to see a concert.
6 Les garçons vont arriver en retard. = The boys are going to arrive late.
B 1 Nous allons aller en ville demain.
2 Quand vas-tu partir?
3 Ils vont faire leurs devoirs.
4 Vous allez jouer au tennis?
5 Théo va faire la cuisine.
6 Ses sœurs vont aider.
C 1 achètera   5 ira
2 inviteras   6 arriveront
3 ferai   7 parleront
4 manquerez   8 serai
D 1 il aura   5 tu auras
2 j'irai   6 elle fera
3 je ferai   7 tu seras
4 elle sera   8 il ira
E 1 he will have   5 you will have
2 I will go   6 she will do
3 I will do   7 you will be
4 she will be   8 he will go

113. Conditional tense
A
	vouloir	aller	avoir	être	faire	-er verbs (e.g. jouer)
Je	**voudrais**	irais	**aurais**	**serais**	**ferais**	**jouerais**
Tu	**voudrais**	**irais**	**aurais**	serais	**ferais**	jouerais
Il / elle	**voudrait**	**irait**	aurait	**serait**	ferait	**jouerait**

B 1 Ma mère habiterait une belle maison. = My mother would live in a beautiful house.
2 Vous ne travailleriez plus. = You would no longer work.
3 Nous visiterions beaucoup de pays. = We would visit lots of countries.
4 Il donnerait de l'argent aux autres. = He would give money to others.
5 Voudrais-tu mettre de l'argent à la banque? = Would you like to put some money in the bank?
6 J'achèterais une nouvelle voiture. = I would buy a new car.
C 1 Je serais très riche.
2 Est-ce que tu ferais de la natation?
3 Il aurait beaucoup d'amis.
4 Elle irait en France.
D Sample answers:
Si tu viens chez moi, tu verras mon chien.
Si elle avait de l'argent, elle achèterait le pantalon.

114. Negatives
A ne … pas = not; ne … jamais = never; ne … rien = nothing, not anything; ne … personne = nobody, not anybody; ne … aucun = not any, none; ne … que = only; ne … ni … ni = neither … nor; ne … pas encore = not yet; ne … plus = no longer, no more
B 1 You do not see anyone
2 I will no longer eat any meat.
3 He never arrived.
4 They found nothing.
5 I am sending no emails.
6 She only does two hours per month.
7 He will never return / go back to France again.
C 1 Je n'ai aucun problème.
2 Il ne va jamais au musée.
3 Elles ne sont pas contentes.
4 Il n'a rien bu.
5 Je ne vais pas acheter de viande.
D 1 Nous ne mangerons plus de légumes.
2 Elle n'a jamais dit bonjour.
3 Tu ne rencontres que deux amies en ville.
4 Il n'a rien compris.

115. Perfect infinitive and present participle
A 1 Avoir fait   4 Avoir mis
2 Avoir joué   5 Avoir voulu
3 Avoir fini   6 Avoir écrit
B 1 F   4 B
2 A   5 D
3 E   6 C
C 1 Après avoir choisi les légumes, elle a préparé un repas.
2 Après avoir mangé, il est allé au cinéma.
3 Après avoir discuté avec ses amis, il est rentré à la maison.
4 Après avoir perdu ses clés, elle est allée chercher son sac.
D 1 Avant de faire ses devoirs, elle a téléchargé de la musique.
2 Avant de revenir, il a acheté une carte.
3 Avant de partir, il a dansé.
4 Avant de sortir, il a fermé sa porte.
E 1 finissant   6 faisant
2 achetant   7 prenant
3 allant   8 avant
4 disant   9 partant
5 mangeant   10 venant
F 1 écoutant   4 courant
2 riant   5 regardant
3 travaillant

116. Passive
A 1 E 2 A 3 F 4 B 5 C 6 D
B 1 The men were invited to a party.
2 I'm always helped by my teachers.
3 My flat has been sold.
4 The books were bought.
5 The story was written.
C 1 La maison sera vendue.
2 La porte a été ouverte.
3 Le fruit a été mangé.
4 Les chiens sont aimés.
5 Les boissons sont commandées.

117. Questions
A 1 Est-ce qu'il peut venir lundi?
2 Est-ce que vous avez une carte de la ville?
3 Est-ce que les élèves ont fini leurs devoirs?
4 Est-ce qu'elle veut aller en ville?
5 Est-ce que vous êtes professeur?
6 Est-ce que nous allons arriver au collège à huit heures?
B 1 C 2 D 3 E 4 B 5 A
C 1 B 2 H 3 D 4 E 5 A 6 G 7 F 8 C
D Sample answers: Où habites-tu? À quelle heure est-ce que tu te lèves le matin? Combien de frères est-ce que tu as? Qu'est-ce que tu aimes faire le week-end?

118. Paper 1: Listening (Foundation)

1	C	11	N	18	1 tourists
2	F	12	P+N		2 not clean / dirty
3	B	13	N		
4	A	14	P	19	1 A
5	B E	15	go to university / study science		2 B
6	A C			20	1 C
7	C	16	A D		2 B
8	B	17	1 on the beach	21	A F
9	F			22	C E
10	D		2 school		

Dictation

Sentence 1: J'aime beaucoup le sport.
Sentence 2: Ma sœur est petite.
Sentence 3: Chaque jour on joue au badminton.
Sentence 4: Vous achetez une jolie cravate.

121. Paper 2: Speaking (Foundation)

Role play

Sample answer:

Listen to the recording

T: Tu sors souvent avec ta famille?
S: Je vais au cinéma avec ma famille le week-end.
T: Qu'est-ce que tu préfères faire quand tu as du temps libre?
S: Je préfère aller à la piscine.
T: Tu aimes passer du temps avec ta famille? Pourquoi ou pourquoi pas?
S: J'aime passer du temps avec ma famille. C'est génial.
T: Très bien.
S: Que fais-tu quand tu as du temps libre?
T: Je joue au foot.
T: Décris un membre de ta famille.
S: Mon père est sympa et grand.

Reading aloud and sample answers to follow-on questions:

Listen to the recording

(a) J'aime les réseaux sociaux car je pense qu'ils sont utiles. J'utilise souvent Instagram et je trouve ça intéressant.
(b) J'aime acheter des choses en ligne parce que c'est moins cher et très pratique. J'achète souvent des vêtements mais aussi de la musique.
(c) J'envoie des e-mails à mes copains et je télécharge de la musique. De temps en temps, je regarde des films en ligne car c'est amusant.
(d) Internet est excellent. On peut parler avec les amis et faire des jeux vidéo et je crois qu'on s'amuse bien en ligne.

Photo card

Sample answer:

Listen to the recording

Sur la première photo, il y a deux personnes dans un parc. Ils font du vélo et ils sont contents. Sur la deuxième photo, il y a une grande famille dans un jardin. Ils mangent un repas. Je vois dix personnes qui sourient. On peut voir du pain, des fruits et de la viande, et on boit de l'eau.

Sample answers to follow-on questions:

(a) Oui, je m'entends bien avec mes parents car ils sont gentils, mais mon père est assez strict. Mon petit frère est souvent ennuyeux mais ma sœur est très sympa. Elle est bavarde mais elle m'aide avec mes devoirs.
(b) La semaine dernière, je suis allé à la piscine où j'ai fait de la natation. C'était génial. Hier, pour garder la forme, j'ai dansé et j'ai fait du vélo. Récemment, j'ai décidé de ne pas manger de viande car je pense que c'est mauvais pour la santé.
(c) L'année prochaine, je vais étudier les langues car il est important de parler beaucoup de langues. À l'avenir, je voudrais devenir professeur et un jour, j'aimerais travailler à l'étranger.

122. Paper 3: Reading (Foundation)

1	C	13	P	26	N
2	B	14	P+N	27	F
3	E	15	N	28	beach / lots to do for young people
4	B	16	P		
5	C	17	B	29	rains / shops are rubbish
6	B	18	C		
7	C	19	A	30	A
8	M	20	C	31	B
9	newspapers and plastic	21	A	32	A
		22	B	33	B
10	nothing	23	A	34	B
11	pollution	24	N	35	D
12	N	25	P	36	B
				37	E

38 Translation

I like my family. My mother is kind.
I'm hungry. I'm going to the restaurant.
I'm going to become a teacher in the future.
My best friend is chatty. He talks a lot.
Last week we watched a show together online.

128. Paper 4: Writing (Foundation)

1 Sample answers:
1.1 Il y a quatre personnes.
1.2 Les filles sont dans un parc.
1.3 Elles sourient.
1.4 Il y a des arbres.
1.5 Deux filles ont un portable.

2 Sample answer:
Dans ma ville il y a un château qui est populaire et j'aime le grand centre commercial où on peut faire du shopping. Le centre-ville est propre et il n'y a pas beaucoup de voitures. Le soir on peut aller au cinéma regarder un nouveau film. Il y a une piscine et je fais souvent de la natation.

3 1 est 2 a 3 grande 4 petit 5 fait

4 1 J'ai une sœur.
   2 Il fait très chaud en été.
   3 Mon collège est assez grand et ennuyeux.
   4 À mon avis, mon ami(e) est travailleur(euse).
   5 Hier je suis allé(e) en voiture à la plage avec ma famille.

5 Sample answer:
Mon collège est assez grand et à mon avis il est excellent car les profs sont travailleurs et les règles sont justes. Cependant, je n'aime pas mon uniforme parce qu'il est bleu. Les bâtiments sont modernes et j'ai beaucoup d'amis à l'école.
L'année dernière, je suis allé(e) en France avec mon collège et c'était génial car il faisait chaud et nous avons visité un musée intéressant. Le dernier jour, j'ai acheté des cadeaux pour mes copains.
L'année prochaine, je vais rester dans mon école parce que je voudrais étudier les sciences et les maths.

130. Paper 1: Listening (Higher)

1	N	12	1 don't vape;	16	1 B
2	P		2 avoid red meat		2 C
3	P+N			17	C
4	N	13	1 stopped drinking alcohol;	18	A E
5	1 B 2 C			19	C D
6	1 A 2 A			20	B D
7	B		2 started swimming	21	B C
8	1 A 2 A+B			22	B D
9	B	14	B	23	1 C
10	1 windy 2 rains	15	1 borrow books		2 B
11	1 every day except Wednesday		2 a new swimming pool has been built	24	1 A
					2 B
	2 Bus				

157

Dictation
1. Notre maison est grande.
2. Ma copine travaille chaque jour.
3. Il faut recycler les journaux maintenant.
4. J'ai mangé des fraises ce matin.
5. À l'avenir je serai comptable ou professeur.

135. Paper 2: Speaking (Higher)
Role play
Sample answers:
T: Que penses-tu de tes matières?
S: Ma matière préférée est l'anglais car c'est intéressant.
T: Les bâtiments scolaires, ils sont comment?
S: Les bâtiments sont modernes et très propres.
T: Parle-moi d'une visite scolaire récente.
S: La semaine dernière, je suis allé au musée avec mon collège. C'était excellent.
T: D'accord.
S: Tu aimes ton école?
T: Oui, c'est génial.
T: Est-ce que tu voudrais devenir prof?
S: Non, c'est trop difficile.

Reading aloud and sample answers to follow-on questions:
(a) Moi, je préfère jouer au football parce que c'est passionnant et j'aime être actif. Je joue pour mon collège et pour une équipe.
(b) Au cinéma, on peut regarder de nouveaux films et l'écran est plus grand. On peut y aller avec ses copains et c'est vraiment génial.
(c) Je n'aime pas la musique car je ne joue pas d'un instrument.
(d) Mon chanteur préféré est très sympa. Il s'appelle Dave et il écrit des chansons excellentes et j'adore ses paroles.

Photo card
Sample answer:
Sur la première photo, il y a six étudiants dans une classe avec une professeure. Les jeunes écrivent et écoutent la prof qui a les cheveux longs et elle a un livre. La deuxième photo est dans un magasin où une jeune femme est en train d'acheter des vêtements. Elle a les cheveux longs et elle sourit. La femme à la caisse parle à la cliente.
Sample answers to follow-on questions:
(a) Je crois que je mange équilibré car j'évite la nourriture qui n'est pas bonne pour la santé. Je viens de devenir végétarien car je pense que la viande est mauvaise pour la santé. J'essaie de manger beaucoup de fruits et de légumes.
(b) Hier, je suis allé en ville avec ma mère. Puisqu'on aime faire du shopping ensemble, c'était excellent. Moi j'ai acheté un cadeau pour mon ami qui aura bientôt seize ans, et ma mère a choisi beaucoup de nouveaux vêtements.
(c) Oui, j'aimerais aller à l'université parce que je voudrais un emploi bien payé à l'avenir. Je crois que je vais étudier les sciences et mon rêve est de devenir médecin car je voudrais aider les autres.

136. Paper 3: Reading (Higher)

1 D	10 funny / a bit boring	20 R
2 B		21 F
3 A	11 B	22 B
4 P+N	12 F	23 A
5 N	13 P	24 C
6 P	14 P	25 B
7 N	15 N	26 2 weeks
8 N	16 C	27 a Canadian singer
9 writes good lyrics / is handsome	17 F	28 concerts are outdoors
	18 R	
	19 C	

29 now
30 E
31 S
32 S+E
33 E
34 watch what they eat and drink / do more physical exercise
35 spent too much time in front of a screen
36 B
37 B
38 C

39 Translation
I've been studying English for seven years.
My friends tell me that equality is really important.
I'm going to spend a month on the coast at my uncle's (house).
My sister will work in an office, and she will be happy.
After arriving home, my poor aunt was very tired and wanted to sleep.

142. Paper 4: Writing (Higher)
1
Je dois travailler plus dur au collège.
L'année prochaine mes copains visiteront le Canada.
Il est très important de manger de la nourriture saine.
J'ai décidé que je vais essayer de trouver un emploi en été.
Hier, je suis allé(e) à la campagne avec mon oncle et on a nagé dans un lac.

2 Sample answer:
Quand j'ai du temps libre, j'aime télécharger de la musique en ligne car c'est vraiment amusant. J'aime aussi tchatter avec mes amis ou faire des jeux vidéo. Je trouve ça passionnant.
La semaine dernière, je suis allé(e) à un concert avec quelques copains. Avant d'y arriver, nous avons mangé dans un petit restaurant en ville. Le repas était excellent.
Le week-end prochain, je vais aller voir ma tante qui habite au bord de la mer, et nous ferons de la natation ensemble. Après être rentré(e)s, nous regarderons un film intéressant au cinéma.

3 Sample answer:
Selon moi, les vacances sont importantes car il faut oublier les soucis de tous les jours. Alors on passe de bonnes vacances quand on peut se reposer et qu'on ne doit pas travailler. À mon avis aller à l'étranger est un moyen excellent de découvrir un autre pays et une autre culture car c'est vraiment amusant. Partir en vacances est aussi intéressant quand on peut se faire de nouveaux amis et les vacances sont toujours différentes. Moi, j'aime passer du temps à la plage, mais mes parents préfèrent les vacances culturelles et mon meilleur copain adore les vacances actives !
L'année dernière, je suis allé en vacances dans le sud de la France et c'était génial. Ma sœur et moi avons nagé dans la mer chaude et on s'est bien amusés. Mes parents ont décidé de passer des heures dans un château, ce qui était intéressant pour eux. Ils ont aussi visité un musée d'art mais ils ont dit que c'était nul.